Aus der guten
alten Zeit

Jane Newdick

Aus der guten alten Zeit

Rezepte und Hausmittel

Fotos von
Pia Tryde

Aus dem Englischen übersetzt
von Cornell Ehrhardt

Redaktion: Brigitte Milkau
Korrektur: Irmgard Perkounigg
Umschlaggestaltung: Graupner & Partner
Herstellung: Dieter Lidl
Satz: Satz & Repro Grieb

Copyright © 1994 der deutschsprachigen Ausgabe
by Christian Verlag, München
3. Auflage 1995

Die Originalausgabe unter dem Titel
Sloe Gin and Beeswax
wurde erstmals 1993 im Verlag Charles Letts & Co Ltd,
London, veröffentlicht

Copyright © für den Text: Jane Newdick
Copyright © für die Fotos: Pia Tryde

Druck und Bindung: Tien Wah Press
Printed in Singapore

Alle deutschsprachigen Rechte vorbehalten

ISBN 3-88472-244-1

INHALT

EINLEITUNG

ch bin in einem Haushalt aufgewachsen, in dem viele unserer Nahrungsmittel aus dem eigenen Garten stammten. Frische Eier, Beerenobst und selbstgemachte Marmelade waren eine Selbstverständlichkeit für mich, und als Kind nahm ich an, alle würden so leben wie wir. Es war die Zeit, als Kühlschränke eine neue und kostspielige Errungenschaft waren, wir aber immer noch alle zwei Tage vom Bäcker und Metzger beliefert wurden. Unser Speisezettel hing weitgehend von der jeweiligen Jahreszeit ab, denn das meiste Gemüse und Obst kam aus unserem nicht sehr großen, aber wohldurchdachten Garten. Mein Vater erhielt bei lokalen Produktschauen sogar Preise für die Erzeugnisse unseres Gartens. Wir sammelten auch Brombeeren und andere wildwachsende Früchte, wie es damals wohl jeder tat, der auf dem Land lebte. Es gab noch immer einen Sinn für Sparsamkeit, und es war verpönt, verschwenderisch zu sein nach Jahren der Lebensmittelrationierung während des Krieges, aber ich erinnere mich, ausgesprochen gut gelebt zu haben – beinahe im Überfluß.

Das Beerenobst des Sommers gibt nur ein kurzes Gastspiel (rechts). Nimmt man sich aber die Zeit, die köstlichen Früchte zu konservieren, kann man sie das ganze Jahr hindurch genießen.

Den größten Teil meines Lebens habe ich auf dem Land verbracht, und ich stelle fest, daß man alte Gewohnheiten nur schwer ablegt. Noch immer verspüre ich ein gewisses Schuldgefühl, wenn die Pomeranzensaison vorüber ist und ich keine Marmelade eingekocht habe, oder wenn die Äpfel im Garten verfaulen, weil ich keine Zeit habe, sie zu verarbeiten. Manche Tage verbringe ich damit, etwas Besonderes herzustellen, das sich aufbewahren läßt – und es ist wie eine Therapie. In einem Topf zu rühren und ein bißchen zu träumen, oder eine Reihe funkelnder Einmachgläser sorgfältig zu beschriften, ist entspannend und nützlich zugleich – eine Kombination, die man heutzutage eher selten antrifft. Die Arbeit mit den Händen ist Stück für Stück ebenso lustvoll wie der Stolz auf das fertige

Selbst eine unscheinbare Herbstfrucht wie die braune Mispel (rechts) kann zu einer Köstlichkeit werden, wenn man sie in Weinbrand einlegt (unten).

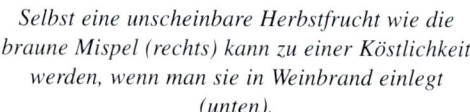

Produkt, und das Schälen, Hacken und Mischen der Zutaten ist ein großes Vergnügen. Die Zutaten sind ausnahmslos wundervoll, farbenfroh und frisch, und sie schmecken und duften köstlich. Solche Arbeiten sprechen alle unsere Sinne ebenso an wie unseren Instinkt, Vorräte anzulegen. Ich glaube, daß die meisten von uns noch immer den uralten Drang verspüren, Vorräte für schlechtere Zeiten anzulegen und die Speisekammer zu füllen, obwohl heute bei den wenigsten Menschen eine Notwendigkeit dazu besteht. Wir haben eine riesige – beinahe zu große – Auswahl an Nahrungsmitteln in unseren hochentwickelten Ländern, aber etwas, das man mit Sorgfalt und Vergnügen selbst herstellt, wiegt die Zeit und die Energie doppelt auf, die man zur Zubereitung verwendet. Ganz gleich, wie gut ein gekauftes Erzeugnis auch sein mag, wir spüren noch immer instinktiv, daß die selbstgemachten Produkte die besten sind. Es gibt auch Dinge, die man in einer Kleinstadt nicht kaufen kann und deshalb notgedrungen selbst herstellen muß, wenn man sie genießen will. Wo bekommt man beispielsweise wirklich aromatischen Nußkrokant oder eingelegte Melonen zu kaufen? Und obwohl wir zunehmend unseren Sinn für die Jahreszeiten verlieren, weil mehr und mehr Menschen in einer städtischen Umgebung leben, sind manche Dinge noch immer bestimmten Jahreszeiten vorbehalten. Hieraus ergibt sich eine Folge von Arbeiten, die viele Menschen genießen oder sogar brauchen. Denn Routine ist langweilig, und unser hektisches, allzu geschäftiges Leben erhält durch jahreszeitlich begrenzte Arbeiten eine Struktur; deshalb freuen wir uns auf diese Tätigkeiten – oder bedauern es, wenn wir sie verpaßt haben.

DIE VORRATSKAMMER

Offenbar verfügten die meisten Haushalte seit frühester Zeit über einen Raum oder einen Bereich, in dem bestimmte wichtige Arbeiten für Haus und Hof verrichtet wurden. Dort befand sich gewöhnlich auch eine Destillieranlage zur Herstellung von Blütenölen und Essenzen. Im Englischen hieß eine Vorratskammer aufgrund dieser Tradition bis vor geraumer Zeit auch *stillroom* (Destillationsraum).

In Chatsworth House im englischen Derbyshire gab es noch in den dreißiger Jahren Dienstmädchen, die sich ausschließlich um Arbeiten im *stillroom* zu kümmern hatten. Ihre Aufgabe bestand beispielsweise darin, Marmeladen, Konfitüren und Gebäck für den Nachmittagstee zuzubereiten, den die Familie nachmittags um vier Uhr im Salon einnahm. Ein englischer *stillroom* des 16. Jahrhunderts diente weitaus vielfältigeren Zwecken. Dort stellte man zum Beispiel äußerst wirksame Arzneien zur Heilung von Krankheiten her, destillierte ätherische Öle und häufig auch Alkohol, konservierte Obst, Gemüse und Blumen und stellte Polituren, Seife, Bonbons, Färbemittel, Tin-

ten, Parfum und Lotionen her. Die täglichen Mahlzeiten wurden in einer großen Küche zubereitet, für besondere Arbeiten wie Bierbrauen, Wäschewaschen, Schlachten, Backen und die Herstellung von Käse gab es jeweils eigene Bereiche im Haus. In Süddeutschland nannte man diesen Arbeitsraum »Schmutzküche«, weil hier alle Schmutzarbeit verrichtet wurde. Dieser Raum mußte funktional sein, doch sicherlich war er ein Ort, an dem man sich gern aufhielt – mit dicken Holz- und Schieferarbeitsflächen, einem Fußboden, auf dem Binsen und Kräuter verstreut lagen, und Regalen, die den dort entstandenen Erzeugnissen Platz boten. Wahrscheinlich hatte der Raum nur kleine Fenster, die wenig Licht einließen, aber die Luft war erfüllt mit fremdartigen und wundervollen Gerüchen von Moschus, Orangenschale, Rosen und Harz.

Dies war der Ort, an dem die Frau des Hauses die wichtigste Rolle spielte. Während viele Haushalte von männlichen Haushofmeistern geführt wurden, standen hier sämtliche Arbeiten unter der Aufsicht der Hausherrin. Sie allein hatte die Schlüssel für die wertvollen Schränke und Truhen, in denen teure und mitunter rare Zutaten sowie die liebevoll zusammengestellten Rezeptbücher aufbewahrt wurden, die ihre eigenen, ganz besonderen Rezepte enthielten. Rezepte wurden schon immer von der Mutter an die Tochter oder Schwiegertochter weitergegeben, so daß eine lange, ungebrochene Verbindung zwischen den Generationen bestand. Noch heute lassen sich viele Rezepte zur Vorratshaltung über Generationen zurückverfolgen, und auf diese Weise wird der Einfluß vergangener Zeiten auf einen Teil unseres Alltagslebens deutlich.

Frauen jener Tage kannten sich in vielen Bereichen aus: Sie mußten Gärtnerin, Kräuterkundige, Köchin, Organisatorin, Krankenschwester und Parfumherstellerin in einem sein. Besonders viel Arbeit gab es zur Erntezeit, wenn Unmengen von Obst und Gemüse konserviert werden mußten. In den Wintermonaten stand mehr Zeit zur Verfügung, und man konnte eine Bestandsaufnahme machen und eingelagerte Zutaten weiterverarbeiten. Eine regelmäßige Sichtung der Vorräte war unumgänglich in diesen Zeiten ohne Kühlschrank und Zentralheizung, wo Feuchtigkeit und Ungeziefer ein ständiges Problem waren. Doch all die Mühen wurden auch belohnt, wenn man etwa zu Weihnachten die köstlichsten Speisen und Getränke aus der wohlgefüllten Vorratskammer holen konnte.

Heute kann sich eine Vorratskammer fast überall im Haus befinden. Jede Durchschnittsküche bietet die nötigen Utensilien und den erforderlichen Platz zum Arbeiten; das Aufbewahren der selbstgemachten Produkte erfordert mitunter allerdings einige Überlegung. Nur wenige moderne Häuser verfügen über eine kühle Speisekammer, denn in der heutigen Zeit werden Vorräte im Kühlschrank oder im Gefriergerät gelagert. Ein kühler dunkler Raum ist ideal zum Aufbewahren von Marmelade und Konfitüre, doch notfalls kann man sich auch mit Kisten behelfen, die in einem unbeheizten Gästezimmer unter das Bett geschoben oder in einem Gartengebäude verstaut werden.

Während es früher nur Messer und Mörser mit Stößeln gab, erleichtern uns heute Küchenmaschinen, Mixer und andere Gerätschaften die Arbeit. Manche Produkte lassen sich zweifellos besser mit Hilfe einer Maschine bewerkstelligen, andere wiederum nicht, aber es besteht keine Notwendigkeit, aus Gründen der Authentizität den mühsamen Weg zu wählen – es sei denn, man findet Spaß daran. Manchen Leuten bereitet es Freude, und sie sind stolz darauf, die Schale von Zitrusfrüchten für ihre Marmelade hauchdünn abzuschälen; andere geben sich damit zufrieden, die Schale grob zu hacken, und legen keinen Wert auf Schönheit. Es liegt an jedem selbst, wie er an etwas herangeht, doch sollte man nicht vergessen, daß das Vergnügen, etwas selbst herzustellen, oftmals eng mit vielen und mitunter mühseligen damit einhergehenden Arbeiten verbunden ist. Das Entsteinen und Enthäuten einer großen Schüssel voller Pfirsiche ist eine entspannende und angenehme, wenngleich auch etwas klebrige Beschäftigung. Der Trick besteht einzig und allein darin, sich genügend Zeit zu nehmen, um die Arbeit in aller Ruhe und sorgfältig erledigen zu können.

GLÄSER UND FLASCHEN

Im Lauf der Jahre habe ich unzählige Flaschen und Einmachgläser gesammelt und geerbt. Einige sind so antiquiert, daß ich keine passenden Verschlüsse und Gummiringe mehr dafür bekomme, aber ich benutze sie noch immer – mit selbst angefertigten Verschlüssen. Die Hersteller moderner Einmachgläser haben die ärgerliche Angewohnheit, das Design alle paar Jahre zu verändern, so daß sich für die alten Gläser kein Zubehör mehr finden läßt. Am praktischsten finde ich die Gläser mit Metallbügeln, die es in unterschiedlichen Größen gibt. Ihr Aussehen hat sich seit Jahren kaum verändert, und neue Gummiringe sind deshalb problemlos erhältlich. Nach dem Öffnen der Gläser sind die Ringe meistens beschädigt und lassen sich nicht wieder verwenden.

Solche Einmachgläser sind gut geeignet für Chutneys, sauer oder in Öl eingelegtes Gemüse, Marmeladen und Konfitüren, die man in großen Mengen herstellt, sowie für Rezepte, bei denen das Einmachgut in Gläsern sterilisiert wird. Dazu erhitzt man die Gläser im Wasserbad auf 100 °C. Je nach Einkochgut muß die erreichte Temperatur über eine gewisse Zeitspanne beibehalten werden. Nach dem Herausnehmen und Abkühlen der Gläser überprüft man dann, ob sie auch fest verschlossen

Diese Flaschen mit köstlichem Likör und Obstwein auf einem Dachbodenregal haben schon Staub angesetzt (rechts).

sind. Schon meine Mutter hat auf diese Weise Obst eingekocht, und dies ist auch heute noch eine gute Konservierungsmethode, insbesondere für Fruchtsirups, Ketchups und Essenzen, wie etwa Pilzessenz. Die befüllten Gläser oder Flaschen werden immer auf einem Rost in den Einmachtopf gestellt, so daß sie sich nicht berühren, keinen Kontakt zum Topfboden haben und das Wasser bis unterhalb der Deckel reicht. Wer keinen Einmachtopf besitzt, kann die Gläser auch im Wasserbad in den Backofen stellen. Anschließend nimmt man die Gläser heraus, läßt sie vollständig abkühlen und überprüft, ob sie fest verschlossen sind. Wem all dies viel zu kompliziert erscheint, der kann sich damit trösten, daß dieses Verfahren heutzutage nur selten nötig ist. Wir können das Beste der alten und neuen Methoden kombinieren und einfach alles einfrieren, was sich bei Raumtemperatur nicht lange hält.

Als Behälter für Lotionen, Polituren und andere Dinge sollte man kleine formschöne Gläser und Flaschen sammeln. In der heutigen Zeit kann dies allerdings bedeuten, daß man eine ganze Menge besonderen Joghurt oder dergleichen essen muß, um auf eine angemessene Zahl hübscher kleiner Gläser zurückgrei-

Für eine effiziente Vorratswirtschaft ist es sinnvoll, sich das ganze Jahr Notizen zu machen und Rezepte zu sammeln (oben).

tener eine richtige Marmelade als öfter eine weniger gute. Das heißt jedoch keineswegs, daß wir die Zuckermengen in Rezepten nicht stark verringern, einen frischeren Geschmack und noch köstlichere Ergebnisse erzielen können. Bewahrt man sie im Kühlschrank auf, kann man Marmeladen mit weniger als dem üblichen Frucht-Zucker-Verhältnis von 1:1 herstellen. Damit Marmeladen und Gelees gut haltbar sind und nicht schimmeln, sollten sie 60 Prozent Zucker enthalten. Um den Zuckergehalt bei einer fertigen Marmelade zu errechnen, multipliziert man die hinzugefügte Zuckermenge mit 100 und teilt das Ganze durch das Gesamtgewicht der hergestellten Marmelade. Der Zuckergehalt sollte mindestens 60 Prozent betragen. Vieles hängt von der Frische der Zutaten und der Zubereitungsmethode ab. Da man wohl kaum kiloweise Marmelade für die nächsten Jahre einkocht, dürfte langes Lagern kein Problem darstellen. Am besten experimentiert man mit der Zuckermenge so lange, bis man schließlich den jeweils richtigen Zuckeranteil herausgefunden hat.

Die wichtigste Voraussetzung für gute Ergebnisse sind hochwertige, frische Zutaten, denn die Qualität der Ausgangsprodukte schlägt sich immer auf die fertigen Erzeugnisse nieder. Es versteht sich von selbst, daß Früchte und Gemüse so frisch wie möglich sein müssen und daß es sich nicht lohnt, überreife oder nicht mehr einwandfreie Zutaten zu konservieren. Generell sollte man nicht an den Zutaten sparen, außer vielleicht, wenn man Alkohol für einen Obstlikör kauft. In diesem Fall gibt es gewöhnlich keinen Grund, einen edlen Cognac oder einen teuren Markenwodka zu wählen. Richtiger Einmachzucker ist zwar etwas teurer, aber man erzielt gute Ergebnisse damit; anderenfalls nimmt man nach Möglichkeit Rohrzucker und keinen Rübenzucker. Für Marmelade ist spezieller Gelierzucker erhältlich, der Pektin enthält, aber normalerweise ist dies nicht erforderlich, außer vielleicht bei Früchten, die schlecht gelieren, wie etwa Erdbeeren. Ich möchte auch keine schnittfeste Marmelade, sondern lieber eine mit vielen Früchten, damit sie nicht vom Brot herunterläuft.

fen zu können. Ich kaufe altmodische Marmeladengläser ohne Schraubdeckel oder andere alte Gläser, sobald ich sie irgendwo entdecke. Man findet sie heute kaum noch, manchmal hat man aber Glück. Die alten dickwandigen Gläser haben Unebenheiten und sehen entsprechend aus. Da sie offenbar aus einer Zeit stammen, als man sich weniger um Gewichte und Maßeinheiten kümmerte, sind ihre Formen und die Stärke des Glases recht unterschiedlich. Doch was man auch hineinfüllt, es sieht dekorativ aus. Hübsche leere Einmachgläser gibt es nur selten zu kaufen, aber es wird eine gute Auswahl neuer Glasflaschen und größerer Vorratsgläser aus Recycling-Glas angeboten. Manche von ihnen haben Korkverschlüsse, oder man kauft passende Korken im Haushaltswarengeschäft.

Nur das Beste

In alten Rezepten wurden kräftiger Essig und große Mengen an Zucker verwendet. Essig ist für einige Sauerkonserven noch immer unentbehrlich, doch zieht man heute im allgemeinen einen mild-aromatischen Wein- oder Apfelessig vor, der einen weniger ausgeprägten Säurecharakter aufweist.

Die Frage des Zuckers ist heikel. Denn obwohl wir unseren Zähnen und der Figur zuliebe zweifellos alle weniger Zucker essen sollten, lassen sich seine Konservierungseigenschaften durch nichts ersetzen, so daß er einfach zu Marmeladen und vielen anderen Konserven dazugehört. Kommerzielle Hersteller erfinden immer wieder zuckerlose Brotaufstriche oder Marmeladen mit wenig Zucker, aber ich persönlich esse lieber sel-

Altmodische grüne Einmachgläser stehen gründlich gespült zum Befüllen mit allen möglichen Köstlichkeiten bereit (oben).

Geschenke und Feste

Als das Bevorraten und Konservieren von Nahrungsmitteln noch eine Frage der Existenzsicherung und weniger eine angenehme Freizeitbeschäftigung waren, stellten religiöse Feiertage und traditionelle Feste in mehrerlei Hinsicht Höhepunkte im Jahresablauf dar. Weihnachten, der Dreikönigsabend und das Fest zur Wintersonnenwende verbreiteten große Geschäftigkeit. Speisen wurden aus der Vorratskammer geholt und zusammen mit anderen besonderen Köstlichkeiten, die man im Sommer für solch festliche Gelegenheiten hergestellt hatte, feierlich auf den überladenen Tisch gestellt. Bestimmte Speisen wurden mit dieser Jahreszeit assoziiert, wie beispielsweise gefüllte Pasteten, Marzipan und üppige Kuchen mit Nüssen sowie getrockneten und kandierten Früchten.

Bis auf den heutigen Tag bereiten wir spezielle Festtagsspeisen wie diese zu, und noch immer gibt es in vielen Familien den traditionellen Christstollen und schwere Früchtekuchen, die man nicht nur zu Weihnachten ißt, sondern auch zu Hochzeiten, Taufen, Jubiläen und Geburtstagen. Familientraditionen haben Bestand, und so bereite ich in den ersten warmen Frühlingstagen einen Krug mit Limonade zu, die im Garten getrunken wird – so, wie es meine Mutter jedes Jahr für uns tat.

Viele der Rezepte und Ideen in diesem Buch ergeben jene Art von Dingen, die jeder gern geschenkt bekommt. Ein selbstgemachtes Präsent, insbesondere etwas Eßbares, wirft niemals Fragen auf wie »Wo stammt es her, und was hat es gekostet?« oder »Entspricht es dem eigenwilligen Geschmack des Be-

schenkten?« All das spielt keine Rolle, denn ein solches Geschenk bringt lediglich auf einfache und nette Weise zum Ausdruck, daß man sich für jemanden Zeit genommen hat – und dies ist eine Geste, die mehr wiegt als teure Geschenke.

Wer entsprechend plant, kann das Thema Weihnachtsgeschenke vermutlich an einem einzigen Nachmittag erledigen, indem er beispielsweise Obstlikör ansetzt oder Kräuterbonbons herstellt. Für zeitlich näherliegende Feste sind hausgemachte Olivenpaste und eingemachter Käse schmackhafte Geschenke und in jedem Fall willkommener und überraschender als gekaufte Pralinen.

*Früchte, Beeren und Blätter, die von einem
Erntefest übriggeblieben sind, lassen sich
dekorativ arrangieren (unten).*

HERBST

ach endlos langen Sommertagen kündet das Licht eine Veränderung an. Die Tage werden rasch kürzer, die ersten Nachtfröste treten auf, und man fühlt sich gedrängt, all die Früchte, die sich noch im Garten und in der Natur finden, eiligst einzusammeln und zu verwerten. Baumfrüchte aller Art müssen verarbeitet und konserviert oder eingelagert werden. Es gibt Nüsse und Pilze, und die Wurzelgemüse im Garten wollen aus der Erde geholt und in Mieten gepackt werden, damit sie sich bis zum Frühjahr halten.

Im Herbst werden alle haltbaren Produkte gesammelt und eingelagert. Nüsse lassen sich dank ihrer Schale problemlos aufbewahren und sind allemal den Platz wert, den sie in der Vorratskammer beanspruchen.

FRÜHHERBST

»Früchte und Blätter sind gülden wie Feuer,
Und das Rauschen des Hafers übertönt die Leier.«

A. C. SWINBURNE
Atlanta in Calydon

Obwohl die meisten von uns unabhängig von den Jahreszeiten das ganze Jahr hindurch eine Fülle von frischen Produkten in den Geschäften sehen, ist der Herbst noch immer die Zeit des Überflusses und der Ernte. Die Gärten, die Läden und die Natur bieten eine Fülle köstlicher Früchte. Viele Hecken und Bäume am Wegesrand tragen eine reiche Ernte, und das milde, feuchte Wetter läßt unzählige Pilze aus dem Waldboden sprießen. Wenn es das Wetter gut mit den Bäumen gemeint hat und man den Vögeln und anderen Tieren zuvorkommt, findet man Nüsse zwischen dem Herbstlaub. In manchen Jahren hängen die Bäume in vielen Gärten so voller Früchte, daß man keine Abnehmer dafür findet, und all jene, denen die Zeit fehlt, körbeweise Äpfel oder Birnen zu verarbeiten, bekommen ein schlechtes Gewissen, wenn sie die Früchte auf der Erde liegen sehen. Aber man braucht keine Schuldgefühle zu haben, wenn diese Überfülle nicht bis zum letzten Rest verwertet wird. Nichts bleibt übrig, nachdem sich die Vögel, Insekten und Mäuse ihren Anteil geholt haben. Schmetterlinge zu beobachten, die sich am süßen Saft überreifer Pflaumen laben, ist ebenso befriedigend wie das Einkochen der Früchte in Gläsern oder das Verarbeiten zu Chutney. Aber selbst ein oder zwei Gläser

Der milchige Reif auf der Haut von Zwetschgen,
Pflaumen und Mirabellen sieht hübsch aus und
schützt die Früchte vor dem Austrocknen.

selbstgemachte Marmelade oder Chutney geben einem ein Gefühl der Zufriedenheit, so daß sich auch schon ein, zwei Stunden, die man mit dem Konservieren der leckeren Herbstfrüchte verbringt, auszahlen.

Zu dieser Jahreszeit haben einige Gartenpflaumen Saison, und später findet man Schlehen und Wildpflaumen in der freien Natur. Wildfrüchte haben einen strengen und kräftigen Geschmack und eignen sich daher am besten für Rezepte, die große Zuckermengen erfordern. Während Gartenpflaumen roh oder als Kompott ausgezeichnet schmecken, haben Wildfrüchte wie Holunderbeeren und Schlehen ein intensives Aroma und sind somit ideal für Gelees und Fruchtpasten geeignet. Eine Ausnahme bildet die bescheidene Brombeere, deren süßer und milder Geschmack durch reichlich Zitronensaft oder sauren Holzapfelsaft ungemein gewinnt. Holunderbeeren, Schlehen und Brombeeren verderben schnell und müssen daher möglichst bald nach der Ernte verarbeitet werden.

In dieser Jahreszeit ist der Platzbedarf in der Vorratskammer am größten, insbesondere wenn man Gartenfrüchte und -gemüse für den Winter einlagern will. Am Ende des Sommers sollten die Vorräte des letzten Jahres aufgebraucht und die Regale nahezu leer sein – mit Ausnahme der im Sommer konservierten Früchte und Gemüse. Vieles von dem, was man im Herbst herstellt, ist für eine lange Lagerung bestimmt und wird das ganze Jahr hindurch gegessen, so daß man sich etwas Zeit nehmen sollte, um festzulegen, welche Vorräte man an welchen Platz stellt. So sollten beispielsweise alle Gläser mit Chutneys, die Zeit zum Durchziehen brauchen, auf den obersten Regalbrettern oder ganz hinten stehen.

Gartenfrüchte und Wurzelgemüse müssen ebenfalls geerntet werden und nachreifen, und es wird ein geeigneter Platz zum Einlagern benötigt. In milden Regionen bleiben Gemüse wie Möhren und Pastinaken am besten in der Erde und werden dann bei Bedarf geerntet. In Regionen mit frostreichen Wintermonaten müssen sie jedoch aus dem Boden genommen werden. Erde, die noch an den Wurzeln haftet, sollte nicht entfernt werden, da Wurzelgemüse ungewaschen lagerfähiger ist. Zwiebeln, Kartoffeln, rote Beten und weiße Rüben dagegen müssen frostfrei lagern. Gesunde, einwandfreie Kürbisse lassen sich gut im Gartenschuppen oder im Keller aufbewahren, und es empfiehlt sich, möglichst viele einzulagern, damit man sie im Winter in aller Ruhe verarbeiten kann. Auch rote Beten halten sich viele Wochen, so daß sich später, wenn die leichter verderblichen Produkte bereits konserviert sind, Pickles oder Chutneys daraus zubereiten lassen.

Pilze, reifes Obst, wie etwa Pflaumen, und Gemüse müssen so bald wie möglich nach dem Ernten verarbeitet werden. Keine Eile besteht hingegen bei Erzeugnissen wie Nüssen oder festen Rot- oder Weißkohlköpfen, die sich wochenlang halten, wenn man sie in Netzen an einen kühlen, dunklen Platz hängt.

Fruchtpasten und schnittfeste Gelees

Vom Mittelalter bis ins 19. Jahrhundert stellte jeder Haushalt eine möglichst große Auswahl an Fruchtpasten und Gelees her. Dabei spielte die Farbe eine entscheidende Rolle, und ein Rezept für einfaches Apfel-Fruchtgelee wurde so abgewandelt, daß die verschiedensten Farbtöne, von blassem Grün über Bernsteingelb bis hin zu Rot, entstanden. Mit den festen Fruchtgelees wurden kunstvoll unterteilte Törtchen gefüllt, und es entstanden geometrische Muster wie bei formalen Gärten des 17. Jahrhunderts oder Dekorationen, die an Edelsteine erinnerten. Reste dieser Tradition finden sich bis in dieses Jahrhundert bei den mehrfarbigen Geleetörtchen, die man in ländlichen Haushalten noch häufig zum Nachmittagskaffee serviert.

Im Frühherbst liegt der Schwerpunkt auf dem Konservieren und Einlagern von Vorräten und weniger auf der Herstellung von Lotionen, Duftwässern oder sonstigen nützlichen Dingen für das Haus. Die letzten Sommerrosen können noch geschnitten werden, um ihre Blütenblätter zu verwenden. Auch späten Lavendel gibt es zumeist noch reichlich, ebenso wie viele andere Kräuter, obwohl die meisten ihre sommerliche Frische und Würze verloren haben. Alle Pflanzen, die man ihrer Samen wegen gezogen hat, müssen nun geerntet und getrocknet werden. Oftmals ist es das einfachste, die ganzen Fruchtbestände abzuschneiden, diese zum Trocknen in eine große Papiertüte zu legen und die Samen später herauszuschütteln. Liköre und sonstige Getränke, bei denen die Zutaten in Alkohol ziehen müssen, können jetzt angesetzt werden. Viele sind bereits nach kurzer Zeit fertig und können schon zu Winterbeginn getrunken werden, andere sollte man dagegen zwölf Monate reifen lassen und erst im kommenden Jahr genießen.

WILDPFLAUMEN-FRUCHTPASTE

◫ Dies ist eine Abwandlung eines alten Rezeptes für Quittenpaste, die als Nachspeise mit Frischkäse oder einfach als Süßigkeit gegessen wird. Damit der charakteristische Fruchtgeschmack trotz der langen Kochzeit und der großen Zuckermenge erhalten bleibt, müssen die verwendeten Früchte ein sehr kräftiges, durchdringendes Aroma haben, wie etwa Wildpflaumen oder Schlehen. Das Obst braucht vor dem Kochen nicht entsteint zu werden.

1,5 kg Wildpflaumen oder Schlehen
300 ml Wasser
1 kg Zucker
Zucker zum Dekorieren

Die Früchte in dem Wasser köcheln lassen, bis sie zerfallen. Dann durch ein Sieb streichen und zusammen mit dem Zucker zurück in den Topf geben. Unter häufigem Rühren zu einem dicken Mus einkochen. Weiter kräftig kochen lassen, bis sich die Fruchtmasse vom Topf löst. Eine flache hitzebeständige Form mit Pflanzenöl einfetten, die Masse hineingeben, glattstreichen und abkühlen lassen. Die feste Fruchtpaste in kleine Quadrate schneiden und diese nach Belieben in Zucker oder Puderzucker wälzen. In einem luftdicht verschlossenen Behälter an einem kühlen Ort aufbewahren.

Die schnittfeste, aromatische Fruchtpaste aus
Wildpflaumen, die man als Nachspeise mit
Frischkäse oder einfach pur naschen kann, hält
sich bis zum Winter und länger (oben).

HAGEBUTTEN-MARMELADE

◫ Diese Marmelade beruht auf einem dänischen Rezept. Sie ist fast schon ein Kompott, denn sie wird nicht ganz fest. In Dänemark holt man sie häufig erst im späten Winter oder im Vorfrühling aus der Speisekammer und betrachtet sie als Stärkungsmittel. Zur Zubereitung können alle großen, fleischigen Hagebutten von Wild- oder Gartenrosen, wie etwa Hundsrosen, verwendet werden. Zum Entfernen der Samen empfiehlt es sich, Handschuhe zu tragen, um sich vor dem Juckreiz zu schützen, den die feinen Nesselhärchen der Samen verursachen.

1 kg Hagebutten, alle Samen entfernt
175 ml Malzessig (siehe S. 144)
275 ml Wasser
1/2 Vanilleschote
500 g Zucker
Saft von 1–2 Zitronen

Hagebutten, Essig, Wasser und Vanille in einen großen Topf geben. Alles köcheln lassen, bis die Hagebutten fast weich sind. Den Zucker hinzufügen und weiterkochen, bis die Hagebutten weich sind und die Marmelade leicht eindickt. Mit Zitronensaft abschmecken und die Vanilleschote herausnehmen. Die Marmelade nicht in Gläser, sondern in Keramik- oder Porzellangefäße füllen, damit sie vor Licht geschützt ist.

Hagebutten werden im Haushalt selten verarbeitet (oben). Als Marmelade nach einem alten
dänischen Rezept zubereitet schmecken diese
Früchte, die einen hohen Gehalt an Vitamin C
haben, ausgezeichnet (rechts).

Wer auf dem Land lebt und Obstbäume im Garten hat, besitzt oftmals auch Außengebäude, in denen gesunde Früchte, die nicht sofort verwertet werden, eingelagert werden können. Doch wie gut solche Lagermöglichkeiten auch gebaut sein mögen, es ist immer schwierig, Mäuse, Ratten und Insekten von den verlockenden Vorräten fernzuhalten. Früher gab es in großen Küchengärten spezielle Obstspeicher. In der Regel hatten sie eine runde Form und ein strohgedecktes Dach, und sie waren mit gut belüfteten Regalreihen ausgestattet. Hier bewahrte man Früchte auf, wie Birnen, Äpfel, Mispeln und Quitten. Auch Weintrauben, deren Stiele in wassergefüllten Spezialgefäßen steckten, wurden gelagert. Regale aus übereinander angebrachten Lattenrosten eignen sich auch heute noch gut zum Einlagern von Obst für den Winter. Sie sollten im Keller, auf

In der Astgabel eines großen Apfelbaumes in Sussex liegen einige der leuchtendroten Lady-Sudeley-Äpfel, die er hervorgebracht hat (oben).

Diese makellosen Vereinsdechantsbirnen sind fertig zum Einlagern und langsamen Nachreifen. Mit einem kleinen Tropfen Siegellack an den Stielen bleiben die Birnen länger frisch (links).

dem Dachboden oder in einer kühlen Vorratskammer aufgestellt werden, so daß die Luft zwischen den Latten zirkulieren kann; die eingelagerten Früchte dürfen sich keinesfalls berühren. Damit das Obst nicht zu schrumpeln beginnt und ledrig wird oder reift und rasch verdirbt, sollte es kühl, aber nicht zu trocken gelagert werden.

Kommerzielle Lagerhäuser verfügen über Kühlanlagen, damit das Obst bis zum Verkauf frisch bleibt. Gewöhnlich schadet dies den Früchten nicht, da sie ohnehin gepflückt werden, bevor sich ihr Aroma entwickelt hat. Birnen sollte man generell pflücken, bevor sie reif sind, und dann im kühlen Vorratslager, wo sie in regelmäßigen Abständen kontrolliert werden, langsam nachreifen lassen. Vor dem Verzehr legt man sie an einen warmen Ort, damit sie schön saftig werden und ihr feines Aroma entwickeln.

Die Vielzahl alter Apfel- und Birnensorten ist ein Beleg dafür, daß für unterschiedliche Verwendungszwecke unterschiedliche Sorten gezüchtet wurden, angefangen bei ganz frühen Sommerfrüchten bis hin zu solchen, die beinahe bis zur nächsten Ernte im darauffolgenden Jahr aufbewahrt werden konnten. Einige Apfelsorten, wie etwa der Norfolk-Dörrapfel, wurden speziell zum Trocknen der ganzen Äpfel gezüchtet, die man gewöhnlich wie eine riesige Perlenkette auf lange Schnüre fädelte. Viele der längst vergessenen Apfelsorten verwendete man für die Herstellung von Most. Im Mittelalter nahm man Äpfel fast ausschließlich zur Herstellung von sauren Säften, Most und Essig, oder die Früchte wurden gekocht und konserviert. Die frischen Äpfel wurden häufig verschmäht – vielleicht waren diese frühen Sorten einfach zu sauer. Manche Apfelsorten halten sich nach dem Pflücken ausgezeichnet; viele der älteren Sorten können jedoch nicht eingelagert werden, und man sollte sie daher so bald wie möglich nach der Ernte essen. Viele Apfelsorten sind generell lagerfähig und halten mehrere Monate, insbesondere wenn man sie einzeln in Zeitungspapier wickelt. Wenn große Mengen nicht lagerfähiger Äpfel anfallen, verarbeitet man sie zu Apfelkompott oder Apfelmus, das man in sterilisierten Gläsern einmacht. Ebenso lassen sich verschiedene Apfel-Chutneys zubereiten, bei denen man Äpfel als Hauptzutat und andere Früchte und Gemüse der Saison zur Abwandlung verwendet.

EINFACHES APFELMUS

Apfelmus ist als Grundlage für Desserts, Kuchen und Saucen unendlich nützlich. Oftmals erweist sich eine Mischung verschiedener Apfelsorten als besonders schmackhaft, doch bestimmte Kochäpfel ergeben auch ohne weiteres Zutun ein herrliches Mus. Ob dem Apfelmus Zucker zugefügt wird, hängt vom späteren Verwendungszweck ab.

Die Äpfel schälen und das Kerngehäuse entfernen. Die Früchte in dünne Scheiben schneiden und in einen großen schweren Topf geben. Bei niedriger Temperatur ohne zusätzliche Flüssigkeit erhitzen; dabei aufpassen, daß das Obst nicht anbrennt. Die Äpfel garen, bis sie weich werden. Den Topf von der Kochstelle nehmen und die Äpfel kräftig durchrühren oder im Mixer pürieren, wenn das Mus vollkommen glatt werden soll. Dies ergibt ein köstliches Apfelmus voller Aroma, das mit Vanille, etwas abgeriebener Zitronenschale, Zucker und etwas Butter verfeinert werden kann. Einige Portionen lassen sich auch mit Zimt oder Ingwer aromatisieren. Das Mus kann anschließend in Einmachgläser gefüllt und eingekocht werden.

Reife Äpfel können zum Konservieren auch in Ringe geschnitten und getrocknet werden. Dies ist allerdings nur dann praktisch, wenn man über einen Küchenofen oder eine andere Wärmequelle verfügt, die ständig Wärme abstrahlt. Kleine

Mengen lassen sich jedoch auch bei sehr schwacher Hitze im Backofen trocknen. Die getrockneten Apfelringe, die wie wellige Stücke von weichem Fensterleder aussehen, können in großen Gläsern oder Dosen an einem kühlen, dunklen Ort aufbewahrt werden. Wenn die Apfelringe später zum Kochen verwendet werden sollen, empfiehlt es sich, vor dem Trocknen die Schale zu entfernen. Sollen sie dagegen eher zu Dekorationszwecken dienen, sehen die Ringe mit ihrer roten und grünen Schale besonders hübsch aus. Aus getrockneten Apfelringen lassen sich herrliche Girlanden oder Kränze als Weihnachtsdekoration für das Haus anfertigen. Eine besonders hübsche Idee ist es, getrocknete Apfelringe (entweder von roten oder von grünen Früchten) zwischen getrocknete Eukalyptusblätter zu fädeln, so daß eine raffinierte Girlande in tiefroten oder limettengrünen Farbtönen, gemischt mit den blaugrünen Blättern des Eukalyptus, entsteht.

GETROCKNETE APFELRINGE

Gesunde Äpfel ohne Druckstellen auswählen und die Früchte nach Belieben schälen. Zum Entkernen entweder das Kerngehäuse mit einem Apfelausstecher aus den ganzen Äpfeln entfernen oder die Äpfel zuerst in Scheiben schneiden und dann das Kerngehäuse mit einem runden Keksausstecher aus den Scheiben herausstechen. Sollen die getrockneten Ringe zum Dekorieren verwendet werden, das Kerngehäuse nicht entfernen. Die Ringe etwa 4 mm dick schneiden. Anschließend die Apfelringe in eine große Schüssel mit einer Salzlösung aus 40 g Salz auf 3,5 l Wasser legen und etwa 10 Minuten darin ziehen lassen. Die Ringe waschen und trockentupfen. Anschließend zieht man sie auf Bambusstäbe und hängt sie über eine Wärmequelle. Sie trocknen recht schnell – je nach Temperatur zumeist in zwei bis drei Tagen. Die getrockneten Apfelringe bleiben weich und fühlen sich ein wenig ledrig an.

Selbstgezogene Tomaten hängen oftmals noch an den Pflanzen, wenn der Sommer schon lange vorbei ist, es aber noch kei-

Ein Bambusstab und eine nicht zu heiße Wärmequelle sind alles, was man braucht, um im Herbst nach und nach meterweise rote und grüne Apfelringe zu trocknen (oben und links).

23

CHUTNEY VON GELBEN TOMATEN UND PAPRIKASCHOTEN

◻ Chutney-Fanatiker sind immer auf der Suche nach neuen Rezepten. Chutneys eröffnen die Möglichkeit, wirklich kreativ zu sein, doch ist wohlüberlegtes Abschmecken vonnöten, da hier das Prinzip »weniger ist mehr« zum Tragen kommt; denn eine gewisse Zurückhaltung erzielt zumeist bessere Ergebnisse als die Verwendung zahlloser verschiedener Zutaten. Man sollte auch bedenken, daß das Chutney nach der Fertigstellung noch durchzieht und sich die Aromen dabei erst vollkommen entwickeln.

2 kg gelbe Tomaten
450 g Zwiebeln
450 g gelbe Paprikaschoten
Salz
700 g Zucker
1 l Weißweinessig oder Apfelessig
10 g Senfkörner
10 g Cayennepfeffer
10 g gemahlene Kurkuma
10 g gemahlener Kreuzkümmel
3 Knoblauchzehen, gehackt

ne Nachtfröste gegeben hat. Die zähen, faserigen Stengel von Freilandtomaten können zusammen mit den Wurzeln und den zahlreichen grünen Früchten aus der Erde gezogen und zum Ausreifen der Tomaten an einem trockenen Platz, etwa einer Scheune oder einem Gewächshaus, aufgehängt werden. Die Früchte benötigen zum Reifen keine Sonne, daher wird ihr Aroma auch nicht so intensiv wie während der sonnigen Sommermonate. Die Früchte gehören zu den willkommenen Reserven, auf die man als Besitzer eines Küchengartens zurückgreifen kann, wenn man Chutneys oder Würzsaucen herstellen möchte. In Frankreich kennt man keine Skrupel, wenn es um Würzsaucen aus herrlichen und eigenwilligen Zusammenstellungen von Zutaten geht. Von dort stammt das folgende Rezept für eine delikate Tafelsauce aus grünen Tomaten, Walnüssen und Zitronen, die sich durch einen feinen, raffinierten Geschmack auszeichnet: Bei der Zubereitung verwendet man pro Kilo Tomaten etwa zwei in dünne Scheiben geschnittene Zitronen sowie 150 g gehackte Walnüsse und läßt das Ganze köcheln, bis es eine marmeladenartige Konsistenz hat.

Das leuchtende Gelb der frischen Zutaten
verwandelt sich in ein kräftiges Gold, wenn
Früchte, Gemüse und Gewürze zu Chutney
verarbeitet werden (oben und rechts).

Wer die nötige Geduld aufbringt, kann die Tomaten enthäuten – manche Leute stören die kleinen Schalenstücke im fertigen Chutney allerdings nicht. Die Tomaten zum Enthäuten für 4 Minuten in kochendheißes Wasser legen. Dann in kaltem Wasser abschrecken und die Haut abziehen. Tomaten, Zwiebeln und Paprika in Streifen schneiden. In einer großen flachen Schüssel mit Salz bestreuen und über Nacht stehenlassen. Dann das Salz abspülen und das Gemüse abtropfen lassen. Zucker, Essig und alle Gewürze zusammen mit dem Knoblauch in einem großen Topf erhitzen, bis sich der Zucker aufgelöst hat. Das abgetropfte Gemüse hinzufügen und alles unter häufigem Rühren etwa 3 Stunden köcheln lassen. Das Chutney ist fertig, sobald es eine marmeladenähnliche Konsistenz hat; um dies zu erreichen, nötigenfalls noch etwas Essig hinzufügen oder die Kochzeit verlängern. Den Topf von der Kochstelle nehmen und das Chutney etwas abkühlen lassen, bevor es in Gläser gefüllt wird. Zum Durchziehen einige Wochen stehenlassen.

Mit Gewürzen und Essig eingelegte Nahrungsmittel sind auf der ganzen Welt beliebt, und was als Verfahren zum Haltbarmachen von Speisen begann, hat sich zu einem eigenständigen Zweig der Kochkunst entwickelt. Das Einlegen von Früchten in Essig oder Verjuice (saurer Obstsaft) war eine frühe Form des Konservierens und wird seit Jahrhunderten praktiziert. Zum Garnieren von Wintersalaten hat man im Mittelalter auf diese Weise Blüten eingelegt, einschließlich ganzer Rosenknospen sowie verschiedener Stengel und Wurzeln. Im 17. Jahrhundert wurden Meerfenchel und Ginsterknospen einer ähnlichen Behandlung unterzogen, und im 18. Jahrhundert gab es bereits zahllose Rezepte für eingelegte Rettiche, goldgelbe Pippin-Äpfel, Fenchel, grüne Walnüsse und kräftige haltbare Tafelsaucen zum Würzen von Speisen und gekochtem oder gebratenem Fleisch. Bis zum 19. Jahrhundert waren eingelegter Kohl und eingelegte Eier hinzugekommen. Aus der britischen Kolonie Indien gelangten damals Rezepte für Würzsaucen und Eingelegtes, wie etwa Mango-Chutney, nach England.

HERBSTMITTE

*»Ich wollte wissen, welche Pilze es auf dem
Markt gab. Ich fand nur wenige, was mich
überraschte, denn ich bin zeit meines Lebens
überaus wißbegierig in bezug auf diese Art von
Pflanzen gewesen, doch ich war baß erstaunt,
daß ihnen Champignons und Morcheln so fremd
waren, als kämen sie aus Japan.«*

WILLIAM KING
Reise nach London, 1699

Pilze haben von jeher unsere Speisen bereichert. Wegen ihrer
einzigartigen Konsistenz und ihres wunderbar erdigen Aromas sind sie in den Küchen vieler Länder begehrte und hochgeschätzte Zutaten. Früher sammelte man Wildpilze, um damit
den Speisezettel kostenfrei zu ergänzen. Heute ist das Sammeln
von Pilzen eine erholsame und zugleich nützliche Freizeitbeschäftigung, bei der man einen Korb voller köstlicher Pilze mit
nach Hause bringt, die sich zu einzigartigen Suppen und Saucen verarbeiten oder für den Winter trocknen lassen.

Selbstgesammelte Pilze müssen unbedingt durch einen Pilz-

experten kontrolliert werden, bevor man sie verzehrt. In vielen Kommunen gibt es im Herbst öffentliche Pilzberatungsstellen, bei denen man seine Pilze überprüfen lassen kann. Ein Vergleich mit Abbildungen auf Schautafeln oder in Pilzratgebern ist keinesfalls geeignet, um giftige von ungiftigen Pilzen mit Sicherheit zu unterscheiden. Aber auch unsere Speisepilze können giftig werden, wenn sie zu alt sind und sich das Pilzeiweiß zersetzt. Im Zweifelsfall sollte man jedes Risiko vermeiden und auf ihren Genuß verzichten.

Die meisten Pilzarten eignen sich ausgezeichnet zum Trocknen. Die verschiedenen *Boletus*-Arten sind große, fleischige Pilze, die an der Hutunterseite keine Lamellen, sondern kleine Röhren haben, die zusammen eine schwammartige Schicht bilden. Stein- oder Herrenpilze *(Boletus edulis)* findet man von Juni bis Oktober in Nadel- oder Buchenwäldern. Zum Trocknen sollte man sie in dünne Scheiben schneiden und die Stiele wegwerfen, falls sie sehr zäh sind. Die Pilzscheiben kann man auf Schnüre ziehen oder auf einem feinmaschigen Gitter oder einem Mulltuch ausbreiten und an einen warmen Ort mit guter Luftzirkulation stellen. Wer nicht über eine geeignete Wärmequelle verfügt, die ständig eine mäßige Hitze abstrahlt, kann die Pilze im Backofen bei der niedrigsten Temperatureinstellung trocknen. Dabei muß die Ofentür einen Spalt offenbleiben, damit die Feuchtigkeit entweichen kann. Wiesenchampignons, aber auch Zuchtchampignons lassen sich in gleicher Weise konservieren und sogar im ganzen trocknen, wenn sie nicht allzu groß sind. Die getrockneten Pilze sollten in Gläsern aufbewahrt werden. Vor ihrer Verwendung, etwa für Suppen und Eintöpfe, weicht man sie in warmem Wasser ein.

Ein anderer aromatischer Wildpilz ist der dottergelbe Pfifferling *(Cantharellus cibarius)*, der in Nadel- und Laubwäldern wächst. Er hat einen köstlichen, leicht erdigen Geschmack, der am besten in Gerichten zur Geltung kommt, bei denen sein Aroma nicht von anderen Zutaten überdeckt wird. In Italien, wo man alle Arten von Wildpilzen schätzt, gibt es herrliche Rezepte für marinierte und in Öl eingelegte Pilze, die man als Vorspeise serviert. Köche mit einer Vorliebe für Saucen und kräftige Würzsaucen halten sich dagegen eher an traditionelle Rezepte für aromatische Pilzessenzen, mit denen sich Suppen, Eintöpfe und Bratensaucen verfeinern lassen. Für die Zubereitung von Pilzessenzen bevorzugen viele Köche getrocknete Pilze, da sie ein konzentriertes Aroma aufweisen.

Alle Pilze müssen sorgfältig mit Hilfe eines Experten bestimmt werden (links oben).

Violette Ritterlinge wachsen auf humusreichen Waldböden. Roh sind sie giftig! Sie müssen blanchiert und anschließend mindestens 20 Minuten gegart werden (links unten).

CHAMPIGNON-ESSENZ

▨ Für dieses Rezept sollte man große Wiesenchampignons mit braunschwarzen Lamellen verwenden. Die dunkle, dünnflüssige Essenz erinnert an Sojasauce und hat ein herrliches Aroma. Für andere Pilzmengen erhöht oder verringert man die Mengen der übrigen Zutaten.

1,8 kg große Wiesenchampignons
100 g Meersalz
3 Knoblauchzehen
1 l Rotweinessig
1/2 TL gemahlener Ingwer
1/2 TL gemahlener Piment
1/2 TL gemahlene Muskatblüte (Macis)
1/4 TL frisch gemahlener schwarzer Pfeffer
2 EL Portwein
2 EL Weinbrand (nach Belieben)

Die Pilze in Scheiben schneiden. In einer großen Schüssel lagenweise mit Salz bestreuen und über Nacht stehenlassen. Das Salz abwaschen und die Pilze zusammen mit Knoblauch, Essig und Gewürzen in einen Topf geben. Unter gelegentlichem Rühren etwa 1 Stunde köcheln lassen. Durch ein Mulltuch absieben. Portwein und Weinbrand unterrühren. Die Pilzessenz in kleine Flaschen füllen und 30 Minuten sterilisieren. Für den sofortigen Verbrauch verkorken und in den Kühlschrank stellen.

Zur Vorratshaltung wird die Essenz in kleine Flaschen abgefüllt; die Korken sollte man nach dem Sterilisieren mit Siegelwachs überziehen. Angebrochene Flaschen hebt man im Kühlschrank auf (oben).

Die feurige Chilichote wurde vermutlich bereits 7000 v. Chr. in den Bergen von Mexiko angebaut, doch erreichte sie erst sehr viel später andere Teile der Erde. Auf der portugiesischen Gewürzroute gelangte sie in den Fernen Osten und nach Afrika, durch den Sklavenhandel auch in den Süden der Vereinigten Staaten und nach Brasilien. In Ländern wie Indien – von dem man annehmen könnte, daß dort schon immer mit scharfen Chillies gekocht wurde – kennt man die Pflanze erst seit dem 16. Jahrhundert.

Die *Capsicum*-Familie, zu der Gemüsepaprika *(Capsicum annuum)* und die scharfen Chillies *(Capsicum frutescens)* zählen, ist riesengroß, und alle Arten stammen ursprünglich aus Zentral- und Südamerika. Im allgemeinen wachsen die milden Gemüsepaprika in gemäßigten Klimazonen, während die scharfen Paprikasorten und die Chillies in tropischen Regionen angebaut werden.

Die Spanier brachten *Capsicum*-Samen von Lateinamerika mit nach Europa – als Ersatz für den damals sündhaft teuren

Getrocknete Chillies

Chillies lassen sich sehr einfach trocknen und aufbewahren. Man fädelt dazu die einzelnen Früchte mit einer großen Stopfnadel auf eine feste Schnur. Aber Vorsicht: Zwischendurch nicht das Fadenende mit den Lippen anfeuchten, um es durch das Nadelöhr zu bekommen! Die aufgefädelten Chillies zum Trocknen über einen warmen Ofen hängen und anschließend bis zur Verwendung in Gläsern aufbewahren. Zum Trocknen aufgehängte Chillies sehen überaus farbenprächtig und dekorativ aus, insbesondere wenn es sich um rote Sorten handelt.

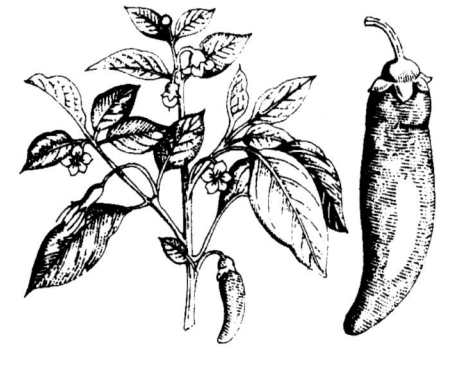

Pfeffer *(Piper nigrum)*. Im Gegensatz zu anderen lateinamerikanischen Feldfrüchten wie Mais und Tomaten, die sich nur langsam durchsetzten, erfreuten sich die *Capsicum*-Arten sofort großer Beliebtheit.

Chillies sind heute das am weitesten verbreitete Gewürz auf der Welt. Getrocknete Chilischoten und gemahlenes Chilipulver haben über die Jahre ihren Weg in zahlreiche Rezepte für Pickles und Chutneys gefunden, aber erst seitdem wir viele Gerichte aus fremden Ländern in unseren täglichen Speiseplan aufgenommen haben, wissen wir, wie eine frische rote oder grüne Chilischote verwendet wird. Es sind mehr als 150 Chilisorten bekannt, aber in bestimmten Gegenden kann man sich schon glücklich schätzen, eine Auswahl von zwei oder drei frischen Sorten zu finden; viele Sorten sind allerdings fast überall getrocknet und eingelegt erhältlich.

Am schärfsten sind asiatische, afrikanische und mexikanische Chillies, andere Chillies, etwa *chiles poblanos* aus Mexiko, sind weniger feurig und haben daher neben ihrer Schärfe auch einen ausgeprägten Eigengeschmack. Die Samen und die Rippen im Inneren der Schoten enthalten das Alkaloid Capsaicin, das den teuflisch brennenden Geschmack verursacht und besonders schmerzhaft ist, wenn es in die Augen gelangt. Aus diesem Grund ist beim Hantieren mit Chillies immer Vorsicht geboten, denn nur allzu leicht reibt man sich dabei mit den Händen über das Gesicht oder die Augen. Nach Möglichkeit sollte man Handschuhe tragen und die Samen wegwerfen, wenn man die Schärfe etwas mildern möchte. Die anregenden und desinfizierenden Eigenschaften von Capsaicin hat man sich zur Linderung von Erkältungskrankheiten, Fieber und Verdauungsstörungen zunutze gemacht, doch gab es im Lauf der Geschichte auch ebenso viele unangenehme Verwendungszwecke. Chillies helfen angeblich gegen die Beschwerden nach einer durchzechten Nacht, deshalb ist auch Tabasco Bestandteil einiger Hausmittel dieser Art.

Paprikaschoten sind uns weitaus vertrauter als die scharfen Chilischoten, denn wir denken dabei an Gerichte der mediterranen Küche und an Berge frischer Paprikaschoten auf Wochenmärkten in Frankreich, Spanien und Italien. Als ganzjährig angebautes Fruchtgemüse, in immer neuen Farben, sind sie zu einem alltäglichen Anblick geworden. Am besten läßt sich ihr wunderbares Aroma erhalten, wenn man sie kurz grillt, anschließend die Haut abzieht und die Schoten in Olivenöl einlegt. Hierdurch erhalten sie eine rauchige, schmelzend zarte Qualität, die sich völlig von der Konsistenz und dem Geschmack roher Paprikaschoten unterscheidet.

Feurige Chillies zeichnen sich durch ihre intensive Farbe und Schärfe aus, auch wenn man sie, wie hier, trocknet und in langen dekorativen Girlanden aufhängt (rechts).

EINGELEGTE ROTE PAPRIKA-SCHOTEN

⊡ In Öl eingelegte rote Paprikaschoten eignen sich gut als Beilage zu kalten Speisen, und wenn man auf die Schnelle eine Vorspeise benötigt, braucht man nur ein Glas zu öffnen. Mit den abgetropften Paprikastreifen lassen sich auch Nudelsaucen oder andere Gerichte verfeinern, die von der Farbe, der Struktur und dem rauchigen Aroma der eingelegten Schoten profitieren. Statt roter Paprikaschoten kann man auch gelbe oder orangefarbene oder eine Mischung aller drei Sorten nehmen. Die benötigte Menge an Olivenöl richtet sich danach, wie viele Paprikaschoten man einlegen möchte; exakte Mengenangaben sind schwierig. Da die Schoten nach dem Grillen viel Flüssigkeit verlieren und sich ihr Volumen entsprechend verringert, kann man davon ausgehen, daß in ein kleines Einmachglas normalerweise vier frische Paprikaschoten passen.

Reife rote Paprikaschoten
Olivenöl

Die Paprikaschoten zum Abziehen der Haut entweder mit einer Gabel über eine offene Gasflamme halten, oder unter den heißen Grill legen, bis die Haut angekohlt ist und Blasen wirft. Die Schoten in einen Frischhaltebeutel geben, den Beutel verschließen und beiseite legen. Wenn die Paprikaschoten abgekühlt sind, läßt sich die Haut mühelos abziehen. Die Schoten halbieren, Samen und Rippen entfernen. Das Fruchtfleisch in Streifen schneiden und trockentupfen. Die Paprikastreifen in saubere Einmachgläser füllen und so viel Olivenöl hinzufügen, daß sie vollständig bedeckt sind. Die Gläser verschließen und an einem kühlen Ort aufbewahren.

In Öl eingelegte rote Paprikaschoten und
Chillies. Man kann auch Pfefferkörner mit in die
Gläser geben und die Korken mit Siegellack
überziehen (Seite 30/31).

Bei der Ernte im Herbst wird häufig übersehen, daß auch viele Samen verwendbar sind. Wir alle kennen die große Vielfalt an Früchten, Gemüsen und Nüssen, die es heute gibt, doch auch die Samen vieler Pflanzen sind äußerst schmackhaft und gewöhnlich reich an Mineralien, pflanzlichen Ölen und anderen wertvollen Nährstoffen. Samen sind kleine Energiekraftwerke, die darauf warten, in Gang gesetzt zu werden. Dies kann man beim Keimen der Sprossen beobachten, wenn sich vermeintlich tote, braune Samenkörner innerhalb kürzester Zeit in kräftige grüne Keimlinge verwandeln.

Einige altbekannte Samen erfreuen sich seit geraumer Zeit wieder wachsender Beliebtheit, und so sind leckere Brote mit Leinsamen und Sonnenblumenkernen heute nichts Außergewöhnliches. Und auch Gewürzsamen wie Kümmel und Anis finden wieder häufiger Verwendung. In der Vergangenheit galt ein englischer *seed-cake*, eine Art Sandkuchen mit ganzem Kümmel, als billiges, langweiliges Teegebäck. Heute dagegen betrachten wir einen solchen Kuchen als eine seltene Delikatesse, und richtig zubereitet – mit Butter und frischen Eiern – schmeckt er tatsächlich ganz vorzüglich.

Große Früchte wie Kürbisse enthalten Unmengen an Samen, die häufig weggeworfen werden, wenn man nur das orangefarbene Fruchtfleisch verwendet, doch lassen sie sich mühelos aus dem faserigen Mittelteil der Früchte herauslösen und sauberwaschen. Anschließend breitet man sie auf einem Backblech aus, stellt sie zum Trocknen an einen warmen Ort und bewahrt sie dann in Gläsern auf. Später befreit man die Kerne von ihrer harten Schale und wendet sie in einer Mischung aus Salz und etwas Pflanzenöl. Bei mittlerer Hitze werden sie anschließend etwa 25 Minuten im Backofen geröstet.

Eine köstliche Mischung aus Nüssen, Samen und Gewürzen, die Kürbiskerne enthält, läßt sich einfach herstellen und schmeckt ausgezeichnet zu Ofenkartoffeln und über Salate oder hartgekochte Eier gestreut. Dazu werden Haselnüsse, Kürbiskerne und Sesamsamen zu gleichen Teilen zusammen mit einigen Kreuzkümmel- und Koriandersamen ohne Fett in der Pfanne geröstet. Dann fügt man eine Messerspitze Chilipulver, etwas Salz und Pfeffer hinzu, zerkleinert die Mischung grob in einer Kaffeemühle oder der Küchenmaschine und füllt sie zum Aufbewahren in ein luftdicht verschlossenes Glas. Durch das Rösten werden die Aromastoffe der Samen freigesetzt, so daß sich ihr Geschmack verstärkt. Die Samen dürfen jedoch nur behutsam erhitzt werden.

Bei den Samen von Sonnenblumen werden die äußeren harten Schalen entfernt, so daß man die aromatischen weichen Kerne erhält. Für ein stärkeres Aroma können Sonnenblumenkerne ebenfalls geröstet oder mit Sojasauce oder Gewürzen wie Chilipulver oder Kreuzkümmel gewürzt werden. Mit Sonnenblumenkernen lassen sich Salate, Müslis und Brote verfeinern, oder man streut sie über Joghurt mit Honig.

BROT MIT SONNENBLUMEN- UND KÜRBISKERNEN

▣ Dieses kernige Brot schmeckt auch ohne Butter ausgezeichnet. Haferflocken und Samen verleihen ihm ein angenehmes Aroma. Das Rezept ergibt zwei große Brote.

VORTEIG
1 Päckchen Trockenhefe (7 g)
350 g Weizenmehl
350 g Weizenvollkornmehl
300 ml lauwarme Milch
570 ml lauwarmes Wasser

HAUPTTEIG
1 TL Salz
75 g zerlassene Butter
350 g Weizenvollkornmehl
450 g Haferflocken
75 g gehackte Kürbiskerne
75 g gehackte Sonnenblumenkerne

VORTEIG Weizenmehl und Weizenvollkornmehl in eine große Schüssel geben und die Trockenhefe untermischen. Warme Milch und warmes Wasser hinzufügen und alles gründlich durchrühren. Die Schüssel mit einem feuchten Tuch abdecken und den Vorteig an einem warmen Ort etwa 2–3 Stunden gehen lassen.

HAUPTTEIG Salz, zerlassene Butter, verbliebenes Weizenvollkornmehl, Haferflocken, Kürbis- und Sonnenblumenkerne zu dem Vorteig in die Schüssel geben und alles zu einem glatten, verhältnismäßig weichen Teig verkneten. Falls nötig, noch etwas Flüssigkeit hinzufügen. Zugedeckt etwa 1 Stunde gehen lassen. Den Teig noch einmal kräftig durchkneten und abschlagen, anschließend weitere 40 Minuten gehen lassen. Den Teig dann zu zwei runden oder ovalen Broten formen. Zwei Backbleche einfetten, mit Mehl bestäuben und die Brote darauflegen. Zugedeckt für etwa 1 Stunde – oder bis sich das Teigvolumen verdoppelt hat – an einem warmen Ort gehen lassen. Dann die Brote etwa 15 Minuten im vorgeheizten Backofen bei 220 °C (Gasherd Stufe 4–5) und anschließend bei 190 °C (Gasherd Stufe 2–3) weitere 30–40 Minuten backen. Auf einem Kuchengitter abkühlen lassen.

Auch Mohn wird heute vielfältig verwendet. Die winzigen blaugrauen Samen werden bei uns häufig auf Brote oder Brötchen gestreut, doch in der Küche Osteuropas verwendet man sie weitaus phantasievoller und in Mengen, die ihren einzigartigen Geschmack hervorheben. Eingeweicht oder geröstet und gemahlen, mit Honig gesüßt, ist Mohn eine köstliche Füllung für Kuchen und Gebäck. Die Samen lassen sich einfach aus ihren Kapseln entfernen. Der bei uns in der Küche verwendete Mohn wird aus Schlafmohn (*Papaver somniferum*) gewonnen,

Ein leckeres rustikales Brot, das auch ohne Belag köstlich schmeckt; die Kürbis- und Sonnenblumenkerne verleihen ihm Struktur und ein nussiges Aroma (oben).

den man ganz leicht im Garten ziehen kann. In der indischen Küche werden die cremeweißen Samen einer Schlafmohnsorte (*Papaver somniferum* ssp. *alba*) gemahlen und zum Andicken von Saucen verwendet.

In der Küche scheinen Samen und Nüsse miteinander verwandte Zutaten zu sein, doch weisen sie in Wirklichkeit recht unterschiedliche Qualitäten auf. Nüsse sind von jeher ein wichtiges Nahrungsmittel, sie enthalten reichlich Proteine, Vitamine und Mineralstoffe.

Nach dem Schälen verlieren Nüsse schon bald ihren wunderbaren Geschmack, und die darin enthaltenen Fette werden ranzig. Geschälte Nüsse sollte man daher so rasch wie möglich aufbrauchen und allenfalls für kurze Zeit an einem kühlen, trockenen, dunklen Ort in einem luftdicht verschlossenen Behälter aufbewahren. Obwohl wir viele Nußarten heute mehr oder we-

niger das ganze Jahr hindurch kaufen können, ist es dennoch lohnenswert, sich zur Hauptsaison, wenn sie kostengünstig sind, mit einem Vorrat einzudecken. Wenn reife Walnüsse vom Baum fallen, hängen an ihren Schalen zumeist noch Reste der grünen Fruchtschalen. Vor dem Einlagern müssen die Nüsse daher gründlich gesäubert werden. Am besten schmecken sie natürlich, wenn sie noch ganz frisch sind, etwa mit Brot, Butter und Salz. Im Mittelalter wurden Nüsse zum Aufbewahren mit Erde oder Salz bedeckt, damit sie nicht austrockneten. Reife Haselnüsse haben immer eine glatte, saubere Schale, und man kann sie einfach in einem altmodischen Jutesack oder einem Einkaufsnetz aufbewahren. Alle Nüsse sollten kühl, dunkel und luftig gelagert werden.

Nußernte (links); ungeschälte Walnüsse kann man in grobem Salz aufbewahren, damit sie frisch und aromatisch bleiben (unten).

NUSSKROKANT

◪ Richtiger Krokant wird aus einer Mischung von Haselnüssen und Mandeln hergestellt. Eine köstliche Methode zum Haltbarmachen beider Früchte! Mandeln und Haselnüsse werden zunächst geröstet und dann mit karamelisiertem Zucker verrührt. Mit diesen einfachen Zutaten lassen sich Eiscremes, Kuchen und Desserts verfeinern. In Stücke gebrochener Nußkrokant wird auch gern als Süßigkeit genascht. Man kann ihn jedoch auch mahlen und in einem luftdicht verschlossenen Glas oder im Gefrierschrank aufbewahren. Das Grundrezept ist sehr einfach und besteht aus Nüssen und Zucker zu gleichen Teilen.

75 g Mandelkerne
75 g Haselnußkerne
150 g Zucker

Haselnüsse und Mandeln auf getrennten Blechen etwa 6 Minuten bei mittlerer Temperatur im Backofen rösten. Die Bleche dabei immer wieder kräftig schütteln, um die Nüsse zu wenden. Wenn die Nüsse leicht gebräunt und geröstet sind, die Bleche aus dem Ofen nehmen und die Mandeln beiseite stellen. Die Haselnüsse und die Mandeln jeweils in einem trockenen Tuch gegeneinanderreiben, damit sich die braunen Häutchen lösen. In einem schweren Topf den Zucker bei niedriger Temperatur langsam erhitzen, bis er sich vollständig aufgelöst hat. Den flüssigen Zucker kochen, bis er eine goldgelbe Farbe angenommen hat. Haselnüsse und Mandeln hinzufügen und alles kochen lassen, bis der Karamel dunkelbraun geworden ist (aufpassen, daß er nicht verbrennt). Den Topf von der Kochstelle nehmen und den Krokant rasch in eine flache, mit Pergamentpapier ausgelegte Form gießen. Den abgekühlten, harten Krokant in Stücke brechen und in einem luftdichten Behälter aufbewahren. Nach Belieben kann er auch im Mixer gemahlen oder mit einem Nudelholz grob zerkleinert werden.

Aus Mandeln, Haselnüssen und Walnüssen
kann man köstlichen Krokant und kandierte
Walnüsse herstellen (oben).

KANDIERTE WALNÜSSE

◪ Hübsch verpackt sind diese kandierten Walnüsse ein ideales Geschenk.

100 g Walnußhälften
220 g Zucker
Saft von 1 Orange, mit Wasser auf 150 ml
*   aufgefüllt*
Abgeriebene Schale von 1 unbehandelten
Orange
1 TL Zimtpulver

Den Backofen auf 180 °C (Gasherd Stufe 2–3) vorheizen. Die Walnüsse etwa 15 Minuten im Ofen rösten. Den Zucker zusammen mit dem Orangensaft langsam erhitzen, bis sich der Zucker aufgelöst hat. Dann kräftig kochen lassen, bis ein Zuckerthermometer 115 °C anzeigt (Stadium kleiner Ballen). Probe von Hand: Mit einem Löffel etwas kochenden Sirup entnehmen und sofort in Eiswasser tauchen. Den Sirup zwischen Daumen und Zeigefinger verreiben. Wenn sich eine kleine weiche Kugel bildet, die sich von den Fingern lösen läßt, ist das Stadium des kleinen Ballens erreicht. Den Topf von der Kochstelle nehmen. Orangenschale, Zimt und Walnüsse hinzufügen. Die Masse durchrühren, bis sie cremig wird. Auf einen Teller gießen und die Walnüsse voneinander trennen. Vollständig auskühlen lassen.

SPÄTHERBST

»Herbst, ich liebe dein Bild des Abschieds
An kalten Novembertagen, düster und trist,
Wenn dein Leben dahinschwindet und sich dem
Ende neigt,
Mit langsamen, zögerlichen Schritten und
kahlem Gesicht...«

JOHN CLARE
Im November geschrieben

Obwohl bescheiden und alltäglich, ist der Kohl dennoch ein König unter den Gemüsen und zählt noch immer zu den wichtigsten und am häufigsten angebauten Feldfrüchten der Welt. Die ursprünglichen Kohlarten stammten von Pflanzen der *Brassica*-Familie ab. Einst wuchsen sie in Küstenregionen und waren ledrig, fest und winterhart. Schon in römischer Zeit ernährten sich arme Leute vielfach von Kohlgemüse, und der mittelalterliche Eintopf aus Bohnen und Kohl war jahrhundertelang ein Grundnahrungsmittel. Es gibt nur wenige wirklich gute Konservierungsmethoden für Kohlgemüse; sauer eingelegter Weiß- und Rotkohl schmeckt jedoch ausgezeichnet, und die festen Köpfe des Winter-Weißkohls halten sich gut, wenn man sie in eine kühle, dunkle Vorratskammer hängt.

Verschmäht und unterschätzt, verdient Kohl-
gemüse einen guten Platz auf unserer Speisekarte
(links). Die verschiedenen Arten reichen von
dunklem Rotkohl bis zu gekräuseltem Wirsing
und weißem Winterkohl (oben).

SAUERKRAUT

◻ Sauerkraut ist durch Milchsäuerung haltbar gemachter Weißkohl, der eingesalzen und der Gärung überlassen wird. Selbstgemachtes Sauerkraut schmeckt erheblich besser als gekauftes, und für die Zeit und die Arbeit, die man auf die Herstellung verwendet, wird man reichlich belohnt. Wacholderbeeren geben dem Kraut zusätzliches Aroma. Da sich die Herstellung von Sauerkraut nur in verhältnismäßig großen Mengen lohnt, sind entsprechende Utensilien nötig. Für das untenstehende Rezept braucht man einen Steinguttopf von 10 l Fassungsvermögen und eine große Schüssel.

4 große feste Weißkohlköpfe
Etwa 150 g Meersalz
Kümmel
Wacholderbeeren

Den Steinguttopf mit kochendem Wasser ausspülen und unten auf den Boden einige ganze Kohlblätter legen. Den Kohl in feine Streifen schneiden oder hobeln, Strunk und harte Blattrippen entfernen. Den Kohl abwiegen und mit 50 g Salz pro 2,5 kg Kohl in eine sehr große Schüssel geben. Etwa 20 Minuten stehenlassen, dann in den Steinguttopf füllen und dabei einige Wacholderbeeren und etwas Kümmel hinzufügen. Flüssigkeit, die sich in der Schüssel gesammelt hat, mit in den Sauerkrauttopf geben. Den Kohl mit einer doppelten Lage Küchenleinen abdecken und einen passenden Teller darauflegen. Den Teller beschweren und das Kraut mehrere Tage bei 21 °C stehenlassen. Wenn sich Schaum bildet, Gewicht, Teller und Tuch entfernen und den Schaum abschöpfen. Das Kraut weitere zwei Tage gären lassen, dann erneut den Schaum entfernen. Diesen Vorgang noch zwei Wochen wiederholen; anschließend kann das Sauerkraut gegessen werden. Man kann es im Kühlschrank aufbewahren, einfrieren oder in Gläsern einkochen. Das Sauerkraut dazu bis knapp unter den Siedepunkt erhitzen, in vorgewärmte Gläser füllen und im Wasserbad sterilisieren – bei Gläsern bis 1 l Fassungsvermögen etwa 20 Minuten. Sauerkraut schmeckt am besten mit Kartoffelpüree zu Schweinebraten, Wild oder kaltem Fleisch.

SAUER EINGELEGTER ROTKOHL

◻ Dieser Rotkohl schmeckt gut zu Käse und kaltem Bratenfleisch. Er kann schon bald nach der Zubereitung gegessen werden und bleibt schön knackig.

2 Rotkohlköpfe
100 g Salz
600 ml Rotweinessig
600 ml Malzessig (siehe S. 144)
4 Lorbeerblätter
1 EL Wacholderbeeren
4 getrocknete Chilischoten
1 EL schwarze Pfefferkörner
1 kleines Stück frischer Ingwer
2 TL Koriandersamen
5 Stücke Muskatblüte (Macis)

Die Kohlköpfe vierteln und den Strunk entfernen. Dann in sehr feine Streifen schneiden, in einer Schüssel lagenweise mit Salz bestreuen und 24 Stunden stehenlassen. Den Essig mit den Gewürzen – außer Lorbeer und Wacholder – zum Kochen bringen, 5 Minuten köcheln lassen. Zum Abkühlen beiseite stellen. Den Rotkohl abspülen, abtropfen lassen und anschließend mit Lorbeerblättern und Wacholderbeeren in Einmachgläser füllen. Den durchgesiebten Essig aufgießen und die Gläser verschließen.

Der Rotkohl wird am besten mit einem scharfen
Küchenmesser in feine Streifen geschnitten
(oben). Sauer eingelegten Rotkohl sollte man
möglichst bald essen, solange er noch knackig ist
und eine leuchtende Farbe hat (rechts).

Hausmittel gegen Erkältung

Es gibt viele Hausmittel gegen die lästigen Symptome einer Erkältung. Huflattichtee, den man in kleinen Schlucken trinkt, macht die Atemwege frei – ebenso wie einige Tropfen Eukalyptusöl, die man in eine Schüssel mit kochendem Wasser gibt und unter einem Handtuch inhaliert. Besser fühlt man sich auch nach einem heißen Bad, dem einige Tropfen Thymian-, Eukalyptus-, Zitronen- oder Rosmarinöl beigegeben werden. Einige Tropfen dieser ätherischen Öle auf einem Mulltuch, nachts unter das Kopfkissen gelegt, sorgen für einen klaren Kopf und freie Atemwege.

Früher standen in der Vorratskammer auch alle möglichen Hausmittel und Arzneien gegen Schmerzen, Erkältungen und andere Krankheiten. Hier fand man etwas gegen Frostbeulen, Zahnschmerzen, Schnupfen und Husten. Im 16. Jahrhundert gab es in den Haushalten eine bunte Palette köstlich klingender Sirups und Getränke, die häufig auf Blütenauszügen basierten und die zu trinken wohl keineswegs eine Qual war. Viele der Rezepte lesen sich, als seien sie vor allem als Labsal gedacht oder einfach so stark gewesen, daß einem die Krankheitssymptome nichts mehr ausmachten.

Kleine Rosenkuchen aus den Blütenblättern von Damaszenerrosen und Zitronensirup sind ein typisches Rezept gegen Halsschmerzen, und auch Honig taucht in vielen dieser Rezepte auf, denn er schmeckt süß und galt als natürliches Antiseptikum. Im 19. Jahrhundert schienen die Hausmittel weniger wohlschmeckend gewesen zu sein, und Kinder wurden offen-bar mit schrecklichen Mixturen und Abführmitteln gequält – oftmals lediglich als reine Vorsichtsmaßnahme. Heute bleiben Kinder zweifellos davon verschont, in den ersten Wintertagen mit Gänseschmalz eingerieben und bis zum Frühjahr in Flanell gewickelt oder täglich mit Lebertran traktiert zu werden, und einen sanften, selbstgemachten Hustensaft trinken sie sicherlich gern. Alte Hustenmittel sind beispielsweise Bonbons, die aus den Stengeln und Blättern von Huflattich hergestellt wurden, oder ein alkoholischer Safranauszug, der gegen tuberkulösen Husten helfen sollte.

Zimt wird seit Jahrhunderten in der Küche und im Krankenzimmer benutzt, und man sprach seinem warmen, angenehmen Geschmack und Duft heilende Wirkung zu. In einem Rezept aus dem Jahr 1600 werden recht große Mengen dieses gemahlenen Gewürzes für ein Gebäck gegen Erkältungserscheinungen verwendet. Kindern gab man die kleinen Stangen mit in die Kirche, vermutlich in der Hoffnung, daß sie dann den Gottesdienst nicht durch einen Hustenanfall störten. Zimt wurde damals generell in erheblich größeren Mengen verwendet als heute und stellte oftmals die Hauptzutat einer Rezeptur dar. Heute gehen wir sehr sparsam damit um und nehmen nur winzige Mengen als Gewürz.

Zimt wird aus der Rinde des Ceylonzimtbaumes *(Cinnamomum verum)* gewonnen, der zu den Lorbeergewächsen gehört. Verkauft wird er in Form von Zimtstangen oder gemahlen als Pulver. Neben dem Ceylonzimt sind noch zwei weitere Zimtarten von Bedeutung. Chinesischer Zimt *(Cinnamomum aromaticum;* syn. *C. cassia)*, auch Zimtkassia genannt, hat einen aromatisch-süßlichen Geschmack und leicht adstringierende Wirkung. Pagdanzimt *(Cinnamomum burmanii)* stammt aus Indonesien und ähnelt im Geschmack dem Ceylonzimt. Auf den Seychellen und in Vietnam gibt es zwei weitere Zimtarten, sie sind jedoch für den Handel ohne Bedeutung.

Ein anderes altes Hustenmittel für Kinder sind kleine Butterbällchen mit Honigstückchen, die im Mund schmelzen und die Schleimhäute beruhigen. Um trotz einer einsetzenden Erkältung gut schlafen zu können, sollte man vor dem Schlafengehen eine Mischung aus sehr heißem Zitronensaft, Honig und – sofern man ihn mag – Whisky trinken. Allein schon der Zitronensaft und der Honig verfehlen nicht ihre Wirkung, doch scheint der Whisky das Ganze noch zu beschleunigen. Der altbewährte Hustensaft aus Zitrone, Honig und Glyzerin (siehe S. 41) ist auch heute noch so wirkungsvoll wie eh und je und schmeckt erheblich besser als viele Mittel aus der Apotheke. Man sollte im Spätherbst eine Flasche davon ansetzen – oder zumindest die erforderlichen Zutaten griffbereit im Haus haben, um ihn bei Bedarf herstellen zu können. Honig und Glyzerin lindern den Husten, während der Zitronensaft für eine angenehme Säure und reichlich Vitamin C sorgt, das der Körper bei Krankheiten in großen Mengen benötigt.

HUSTENSAFT MIT ZITRONE UND HONIG

▣ Für diesen Hustensaft sollte man klaren Honig verwenden, der nicht kristallisiert, weil er sich besser verarbeiten läßt. Man kann auch mit Kräutern versetzten Fenchelhonig nehmen. Der Honig lindert den Husten, der Zitronensaft sorgt für einen Vitamin-C-Stoß. Der Saft ist für Erwachsene und Kinder gleichermaßen gut geeignet. Glyzerin ist in Apotheken erhältlich.

2 saftige Zitronen
150 g klarer Honig
50 ml Glyzerin

Die Zitronen auspressen und den Saft anschließend durch ein feines Sieb gießen. Zitronensaft, Honig und Glyzerin in eine kleine Schüssel geben und gründlich miteinander verrühren. Den Hustensaft in eine kleine Medizinflasche füllen und fest verkorken.

Ein altbewährter Hustensaft aus leicht erhältlichen Zutaten, der nicht nur lindernd wirkt, sondern auch gut schmeckt (oben).

ZIMT-HUSTENSTANGEN

▣ Die Hustenstangen werden traditionell so geformt, daß sie an richtige Zimtstangen erinnern. Gummiarabikumpulver und Rosenwasser sind in Apotheken erhältlich.

2 EL Rosenwasser
Etwa 2 TL Gummiarabikumpulver
Zimtpulver
Zucker

Das Rosenwasser leicht erwärmen und so viel Gummiarabikum hinzufügen, daß ein klebriger Sirup entsteht. Zucker und Zimt nach Geschmack – ungefähr im Verhältnis 1:1 – darüntermischen, bis man eine feste Masse erhält. Die Masse in eine flache Form drücken, etwas trocknen lassen und dann in schmale, lange Rechtecke schneiden. Die Rechtecke zu Stangen rollen und vollständig trocknen lassen.

Kleine mit Zimt gewürzte Stangen, die fast wie echte Zimtstangen aussehen, lindern Halsschmerzen und Husten (oben).

Seit es Trockenfrüchte und hochprozentige Schnäpse gibt, hat man beides zu himmlischen Mixturen vereint. Die klassischen Kombinationen wie Pflaumen und Armagnac kennt jeder, aber es lohnt sich, zu experimentieren und andere Zusammenstellungen auszuprobieren.

In alten Rezepten für schwere Früchtekuchen oder gehaltvolle Desserts wird das Obst zum Aromatisieren und Quellen häufig in Weinbrand oder anderen Spirituosen eingeweicht. Es ist ratsam, ein Glas mit Aprikosen in Weinbrand oder Datteln in Rum im Schrank stehen zu haben, denn man kann damit Desserts und Eiscremes verfeinern – oder auch einfach nur ein Schlückchen davon trinken.

SULTANINEN IN WEINBRAND

Sultaninen, die getrockneten goldgelben Beeren der ›Sultana‹-Rebe, sind größer und süßer als die dunkleren Rosinen. Ihr frischer, kräftiger Geschmack kommt frischen Weintrauben recht nahe, und wenn man sie eine Zeitlang in Weinbrand einlegt, quellen sie wunderbar auf und entwickeln ein herrliches Aroma. Dazu braucht man die getrockneten Sultaninen nur in ein weithalsiges Glasgefäß zu geben, anschließend fügt man so viel Weinbrand hinzu, daß die Sultaninen vollständig bedeckt sind, und läßt das Ganze einige Wochen stehen.

In Weinbrand eingelegte Sultaninen verleihen
Desserts und Kuchen ein herrliches Aroma.
Aber auch pur genossen schmecken sie
köstlich (oben).

ENGLISCHER FRÜCHTEKUCHEN

☑ Wer möchte, kann diesen Früchtekuchen ein ganzes Jahr lang aufheben und immer wieder mit Weinbrand tränken – was allerdings kaum der Fall sein dürfte, wenn man ihn erst einmal angeschnitten hat. Werden in Weinbrand eingelegte Sultaninen verwendet, ersetzt man die Hälfte des im Rezept angegebenen Weinbrandes durch Orangensaft.

350 g Sultaninen
100 g kandierte Zitrusschale, gehackt
225 g Korinthen
225 g Rosinen
150 ml Weinbrand
225 g Mehl
Je 1 TL gemahlene Muskatblüte (Macis),
 Muskatnuß und Zimt
225 g Butter
225 g brauner Zucker
Abgeriebene Schale von 1 Orange und
1 Zitrone (unbehandelt)
5 Eier, verquirlt

Die Trockenfrüchte mit dem Weinbrand übergießen und zugedeckt einige Stunden stehenlassen. Eine hohe runde Backform von 23 cm Durchmesser zweifach mit Backpapier auskleiden. Das Mehl durchsieben und die Gewürze hinzufügen. Butter, Zucker und abgeriebene Zitrusschale zu einer hellen Masse verschlagen. Dann nach und nach die Eier und am Schluß ein wenig Mehl unterarbeiten. Das restliche Mehl unterheben und die eingeweichten Früchte hinzufügen (der Teig ist verhältnismäßig fest). Den Teig in die Backform füllen und so glattstreichen, daß in der Mitte eine leichte Vertiefung entsteht. Den Kuchen bei 170 °C (Gasherd Stufe 2) für etwa 2^1/$_2$ Stunden in den Backofen schieben. Gegen Ende der Backzeit mit einem Holzstäbchen testen, ob der Kuchen durchgebacken ist. Den Früchtekuchen in der Form abkühlen lassen, dann auf ein Kuchengitter stürzen und das Papier abziehen.

Englischer Früchtekuchen hält sich ein ganzes
Jahr. Er schmeckt aber so köstlich, daß er, einmal
angeschnitten, schon bald aufgegessen sein
wird (rechts).

Im Herbst gibt es im Garten reichlich zu tun, denn dann heißt es, Berge von Laub wegzuharken, verblühte Sommerblumen aus den Beeten zu nehmen, Stauden zu teilen und neue Bäume, Sträucher und andere Pflanzen zu setzen. Man hat natürlich die besten Vorsätze und zieht zu Beginn der Arbeiten Handschuhe an, aber irgendwann legt man sie doch wieder beiseite, und plötzlich ist es dann zu spät, um die Hände vor Erde, Nässe und Kälte zu schützen. Es scheint Böden zu geben, die die Haut besonders stark austrocknen, aber auch Menschen mit einer unempfindlichen Haut, der all dies nichts anzuhaben vermag. Am besten ist es, sich die Hände vor Beginn der Gartenarbeit gründlich mit einer Schutzcreme einzureiben und dann nach getaner Arbeit eine Heilsalbe zu benutzen, um die gröbsten Schäden zu beseitigen.

Alte Rezepte vertrauen zumeist auf Schweineschmalz oder andere tierische Fette als Grundlage von Hautcremes sowie verschiedene sonstige Zutaten, die wir heutzutage wohl kaum zusammenrühren, geschweige denn auch nur in die Nähe unserer Haut bringen würden, aber viele der traditionellen Zutaten sind durchaus angenehm und außerordentlich wirkungsvoll. Wer seine Lotionen und Cremes selbst herstellt, weiß genau, was darin enthalten ist, und die meisten dieser Pflegemittel duften angenehm und sind wohltuend.

Viele Apotheken führen die benötigten Zutaten in ihrem Standardsortiment – oder können sie zumindest bestellen. Bestimmte Ingredienzien, wie etwa Mandelöl oder gereinigtes Olivenöl, sind in Apotheken erheblich preiswerter als in einem Spezialgeschäft oder Kräuterladen. Zum Aufbewahren der Pflegemittel sollte man geeignete Behälter sammeln. Glasgefäße mit Schraubdeckeln sind gewöhnlich die beste Lösung zum Aufbewahren von dickflüssigen Cremes und Lotionen. Cremes, die nach dem Abkühlen verhältnismäßig fest werden, sind natürlich am besten in weithalsigen Gefäßen aufgehoben, Flüssigkeiten dagegen in Flaschen.

LAVENDEL-HANDCREME

⊠ Das Lavendelöl verleiht der Handcreme eine zarte Duftnote, hat aber auch eine heilende und antiseptische Wirkung. Bei dem verwendeten weißen Wachs handelt es sich um gebleichtes Bienenwachs (in Apotheken erhältlich). Mitunter bekommt man es in Form von Flocken, die sich schneller auflösen als ein großer Block. Ist das Wachs nur als Block erhältlich, sollte man es mit einer Küchenreibe grob raspeln oder mit einem scharfen Messer Späne von dem Wachsblock abziehen.

Kokosöl wird aus getrocknetem Kokosfleisch gewonnen und seit Jahrhunderten für feuchtigkeitsspendende und pflegende Haar- und Hautmittel verwendet. Mandelöl ist eines der ältesten bekannten Kosmetika und ein sehr leichtes, aber wirkungsvolles Öl, das nicht nach Mandeln riecht. Auch heute noch wird es bei der industriellen Herstellung von Kosmetika benutzt. Man bekommt es preiswert in Apotheken. Die Mengen in diesem Rezept sind in Löffeln angegeben, so daß man je nach gewünschter Crememenge einen entsprechend großen oder kleinen Löffel zum Abmessen wählen kann.

4 Löffel Mandelöl
4 Löffel Kokosöl
3 Löffel Flocken von gebleichtem
  Bienenwachs
6 Löffel Glyzerin
Lavendelöl (etwa 6 Tropfen, wenn Eßlöffel
zum Abmessen genommen werden)

Mandelöl, Kokosöl und Wachs in einen doppelwandigen Topf oder in eine Schüssel geben und diese in ein heißes Wasserbad stellen. Die Zutaten leicht erhitzen, damit das Wachs schmilzt. Alles gut verrühren und dann tropfenweise das Glyzerin hinzufügen. Den Topf von der Kochstelle nehmen und die Mischung durchrühren, bis sie cremig wird. Zum Schluß das Lavendelöl ninzufügen und gut unterrühren. In Cremetöpfchen füllen.

Lavendel-Handcreme ist ein angenehm duftender
Pflegebalsam für stark beanspruchte Hände
(links).

BUCHSBAUM-HAARTONIKUM

⊠ Dieses Tonikum ist selbstverständlich kein Wundermittel gegen nachhaltigen Haarausfall, aber die Wirkstoffe der Buchsbaumblätter stärken und regenerieren das Haar und wirken anregend auf die Kopfhaut. Das bekanntere Haarpflegemittel ist zwar Rosmarin (siehe S. 65), doch da dieses Buchsbaum-Rezept so einfach ist, sollte man es in jedem Fall ausprobieren. Außer als Haarwasser kann man das Tonikum auch als adstringierende Spülung nach der Haarwäsche verwenden.

4 Handvoll frische Buchsbaumblätter
1,7 l Quellwasser
25 ml Eau de Cologne

Die Buchsbaumblätter in einem großen Topf mit dem Wasser übergießen und zum Kochen bringen. Mit aufgelegtem Deckel 15 Minuten köcheln lassen. Etwa 2 Stunden abkühlen lassen, die Flüssigkeit dann durch ein Sieb gießen. Eau de Cologne hinzufügen und das Haartonikum mit einem Trichter in Flaschen füllen. Als Haarwasser oder als Spülung nach der Haarwäsche verwenden.

Buchsbaumblätter werden für ein Tonikum
verwendet, das für alle Haartypen als Spülung
erfrischend und als Haarwasser kräftigend
wirkt (oben).

WINTER

m Winter, wenn die Tage kürzer und die Abende länger sind, wenden wir uns nach innen und möchten vergessen, was draußen geschieht. Der Garten kann ohne weiteres sich selbst überlassen bleiben, bis das Wetter wieder besser wird, und so hat man Zeit und Muße, in der warmen Küche festliche Geschenke und andere köstliche Dinge herzustellen, um die Gläser und Flaschen aufzufüllen, die sich seit dem Sommer schon wieder geleert haben.

Graugrüne Kürbisse in fahlen, verwaschenen Winterfarben; mit ihrem trockenen Fruchtfleisch halten sich diese festen Sorten den ganzen Winter bis ins nächste Jahr.

WINTERANFANG

*»Was der Sommer hervorbringt, zehrt der
Winter auf.«*

Handschriftliche Spruchsammlung, um 1645

Zu dieser Jahreszeit gibt es nur wenige dringende Haus- oder
Gartenarbeiten, aber für jeden, der auf dem Land wohnt,
gibt es eine Aufgabe, die bald erledigt sein will, wenn man die
Früchte seiner Arbeit im darauffolgenden Jahr genießen möchte. Mit etwas Glück kann man jetzt bei einem Spaziergang
einen Korb Schlehen am Wegesrand sammeln. Diese kleinen
blauschwarzen Früchte sind mit der Wildpflaume verwandt. Sie
haben einen kleinen runden Stein und saures grünes Fruchtfleisch. Ihre feste Haut ist von einer dünnen silberfarbenen
Wachsschicht überzogen, und sie sitzen an den mittlerweile

kahl gewordenen, mit gefährlichen Dornen bewaffneten braunen Zweigen. Die Blüten zeigen sich im zeitigen Frühjahr an
den kahlen Ästen, und die Bäume oder Sträucher werden
Schlehe, Schwarz- oder Schlehdorn *(Prunus spinosa)* genannt.
Wer eine Vorliebe für den köstlichen Schnaps hat, der sich mit
den Früchten herstellen läßt, wird die besten Büsche bereits
ausfindig gemacht haben, bevor die anderen Schlehensammler
kommen, doch in manchen Jahren ist die Ernte dennoch recht
schlecht. Schlehen sollen nach den ersten Frösten gepflückt
werden, und die Früchte reifen in der Tat erst recht spät, ebenso
wie ihre Verwandten, die Wildpflaumen. Aus Schlehdornrinde

*Es ist Brauch, jede einzelne Frucht
für Schlehenlikör mit einem Schlehdorn
einzustechen (oben).*

stellte man im Mittelalter eine Art Tinte her, und die Blüten und Früchte wurden zu medizinischen Zwecken verwendet. »Viele Schlehen – viele kalte Zehen«, lautet ein altes Sprichwort, das man vielleicht beherzigen sollte. Schlehenlikör ist mit Sicherheit ein ausgezeichnetes und wohlschmeckendes Mittel, um nach Winterspaziergängen wieder aufzutauen, selbst wenn man derart durchgefroren ist, daß man meint, es könne einem niemals mehr richtig warm werden.

Auch andere Wildfrüchte sind die Grundlage zahlreicher Schnäpse und Liköre. In früheren Zeiten setzte man Weißdornblüten in Weinbrand an und verwendete zur Herstellung alkoholischer Getränke die harten Früchte des Speierlings, die Beeren von Ebereschen, Holunderblüten und Holunderbeeren und zweifellos noch viele andere Wildfrüchte. In Gegenden, wo viele Buchen wuchsen, machte man aus den jungen frischen Blättern eine Art Likör. Es gab Rezepte mit Schlüsselblumen, Huflattich, Veilchen und Löwenzahn, doch waren dies alles weitaus schwächere Getränke – wir würden sie heute als Weine bezeichnen – als die hochprozentigen aufgesetzten Schnäpse. Auch Baumsäfte wurden verwendet, am besten bekannt ist der Birkensaft, wobei man die Stämme nur für kurze Zeit im Vorfrühling anzapfte, damit die Bäume nicht geschädigt wurden.

Im Gegensatz zu selbstgemachten Weinen, die zumeist mit viel Arbeit verbunden sind und dennoch nicht immer gelingen, lassen sich alle aufgesetzten Schnäpse einfach herstellen und schmecken auch immer, denn im Grunde können sie niemals schlechter sein als der Schnaps, den man als Ausgangsbasis wählt. Alles, was man braucht, sind eine große Schüssel zum Mischen der Zutaten, ein Sieb, ein Trichter und ein Filter aus Mulltuch oder Papier, wenn der fertige Schnaps ganz klar sein soll. Schließlich benötigt man noch einige Flaschen mit Korken oder anderen Verschlüssen. Für diesen Zweck sind originelle Flaschen natürlich am besten geeignet, und Etiketten mit reizvollen Ornamenten oder Beschriftungen machen das Ergebnis perfekt. Die Flaschen müssen stehend an einem dunklen Ort aufbewahrt werden.

Selbstgemachte Liköre eignen sich ausgezeichnet als Geschenk für Freunde, sind allerdings nicht eben preiswert. Die beste Grundlage ist zumeist Wodka mit seinem neutralen Geschmack, obwohl man für bestimmte Früchte, wie etwa Kirschen, Aprikosen, Himbeeren und schwarze Johannisbeeren, traditionell Weinbrand nimmt. Gin ist eine ideale Grundlage für Schlehen oder Wildpflaumen, vermutlich weil das Wacholderaroma besonders gut mit den säuerlichen Früchten harmoniert. Liköre können mit Zuckersirup oder einfach mit Zucker gesüßt werden. Zuckersirup läßt sich unter den fertigen Likör rühren, so daß man sich nach und nach an die richtige Süße herantasten kann. Gibt man hingegen beim Ansetzen zuviel Streuzucker dazu, muß man später vielleicht feststellen, daß der Likör leider allzu süß geworden ist.

SCHLEHENLIKÖR

▧ Der mühselige Teil der Arbeit ist das Einstechen der Früchte. Zusammen mit Freunden oder der Familie am Küchentisch, kann dies jedoch eine recht vergnügliche Beschäftigung sein. Zum Ansetzen der Schlehen braucht man ein weithalsiges Gefäß. Die genannten Mengen geben das ungefähre Verhältnis von Früchten und Zucker zu Alkohol an.

1 kg Schlehen
1,2 l Gin
250 g Zucker

Jede Schlehe mehrmals mit einer Nadel oder einem Schlehdorn einstechen. Die Früchte in das bereitgestellte Gefäß geben, den Zucker hinzufügen und mit Gin aufgießen. Das Gefäß verschließen und für mindestens 4 Monate an einen dunklen Ort stellen; den Inhalt von Zeit zu Zeit kräftig durchschütteln. Den Likör durch einen Filter gießen und in Flaschen füllen. Nach Belieben noch etwas Zucker dazugeben. Bis zum nächsten Winter reifen lassen.

Das Ergebnis der letztjährigen Ernte sollte
bedächtig und in aller Ruhe genossen
werden (oben).

Seit man herausfand, daß man mit Zucker Obst konservieren kann, hat sich das Kandieren und Überzuckern von Früchten zu einer hohen Kunst entwickelt. Alte Rezeptbücher aus der Zeit um 1600 beschreiben ausführlich die Kunst des Konservierens und Kandierens von Blüten und Früchten.

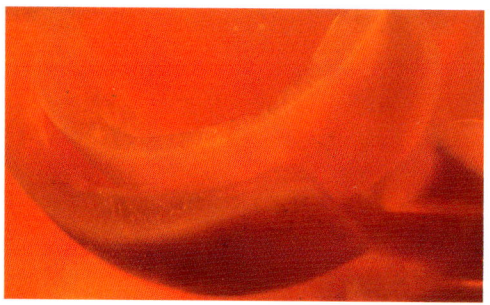

FRÜCHTE KANDIEREN

Das Verfahren ist vom Prinzip her sehr einfach, erfordert jedoch Zeit, da die Früchte mehrere Tage lang in immer stärkerem Zuckersirup getränkt werden, bis ihr Fruchtfleisch glasig und vollkommen durchgezuckert ist. Es lohnt sich durchaus, Ananasstücke, ganze Aprikosen und Clementinen sowie Grapefruit-, Zitronen- und Orangenschale zum Kochen und Backen selbst zu kandieren. Die Früchte müssen mit einem Teller und einem Gewicht beschwert werden, damit sie vollständig von dem Sirup bedeckt sind. Früchte oder Schalenstücke, die den Zucker offensichtlich nicht richtig aufnehmen, wegwerfen.

1. Ganze Früchte mit Wasser bedeckt köcheln lassen, damit sie gar werden. Zitrusschale von unbehandelten Früchten, vorzugsweise aus biologischem Anbau, in Viertel schneiden und die weiße pelzige Schicht möglichst vollständig entfernen. Die Schale in etwas Wasser aufkochen lassen, das Wasser weggießen und die Zitrusschale wie oben in frischem Wasser garen.
2. Vom Kochwasser 300 ml abnehmen und darin 200 g Zucker auflösen. Die abgetropften Früchte hineingeben und 1 Minute kochen.
3. Die Früchte 3 Tage in dem Sirup ziehen lassen.
4. Den Sirup durch ein Sieb in einen Topf gießen, weitere 225 g Zucker hinzufügen und alles zum Kochen bringen, damit sich der Zucker auflöst. Die Früchte damit übergießen und 24 Stunden stehenlassen.
5. Die Früchte aus dem Sirup nehmen, 50 g Zucker hinzufügen und den Sirup zum Kochen bringen, damit sich der Zucker auflöst. Die Früchte damit übergießen und 24 Stunden lang stehenlassen.
6. Dieses Verfahren an weiteren 2 Tagen wiederholen.
7. Am achten Tag abermals die Früchte aus dem Sirup nehmen, 75 g Zucker hinzufügen und zum Kochen bringen. Die Früchte damit übergießen und weitere 4 Tage stehenlassen.
8. Die Früchte aus dem Sirup nehmen, auf ein Gitter legen und für mehrere Stunden an einen warmen Platz stellen, damit sie trocknen. Zum Aufbewahren in Wachspapier wickeln.

Zum *Überzuckern* von Früchten das Obst kurz in kochendes Wasser tauchen, dann in Zucker wenden und trocknen lassen. Zum *Glasieren* einen Sirup aus 100 ml Wasser und 500 g Zucker kochen. Die Früchte hineintauchen und trocknen lassen.

Grapefruit-Schale nimmt eine leuchtendgelbe Farbe an, wenn sie mit Zuckersirup getränkt wird (oben).

Eine prächtige Verpackung für kandierte Zitrusschale. Sie schmeckt zweifellos besser als gekaufte und bietet die Möglichkeit, etwas zu verwerten, das man sonst wegwerfen würde (unten).

Kandierte Clementinen, süß und glänzend, hübsch verpackt in weißen Pappschachteln (rechts).

Das Trocknen von Früchten ist eine der ältesten Konservierungsmethoden. Auf diese Weise konnte man auch im Winter Obstarten essen, die sich anders nicht lagern ließen. Viele Rezepte für Konfekt und andere Süßspeisen mit Trockenfrüchten, Nüssen und Gewürzen stammen ursprünglich aus dem Mittleren Osten. Und seit dem Mittelalter taucht das volle Aroma von getrockneten Früchten auch in unserer traditionellen winterlichen Festtagsküche auf. Solche Leckereien sind herrliche Geschenke oder können als Weihnachtsnaschwerk

aufbewahrt werden. Man sollte sich die Mühe machen, hübsche kleine Körbchen und Schachteln zu suchen, in denen man diese Köstlichkeiten zum Verschenken verpackt. Damit das Konfekt nicht aneinanderklebt, legt man es einzeln in Papierförmchen.

Naschwerk für den Winter: gefüllte Back-pflaumen, Aprikosen-Konfekt und kandierte Kumquats (oben).

GEFÜLLTE BACKPFLAUMEN

❧ Für dieses Rezept sollte man möglichst große Backpflaumen verwenden.

35 große Backpflaumen
Kalter Tee
2 EL Armagnac oder Weinbrand
Abgeriebene Schale von 1 unbehandelten
*   Orange*
Zuckersirup (nach Belieben)

Die Backpflaumen über Nacht in kaltem Tee einweichen. Abgießen und sorgfältig entsteinen. Zwanzig Pflaumen beiseite legen, den Rest zusammen mit etwa 2 Eßlöffeln Armagnac oder Weinbrand pürieren. Die Orangenschale untermischen und die Pflaumen damit füllen. Die gefüllten Backpflaumen in Papierförmchen legen und mit Zuckersirup überziehen.

APRIKOSEN-KONFEKT

❧ Dieses einfache Konfekt können auch Kinder zubereiten.

250 g getrocknete Aprikosen, in Stücke
*   geschnitten*
75 g getrocknete Datteln, in Stücke geschnitten
75 g Rosinen
75 g gemahlene Mandeln
50 g kandierte Orangenschale, in kleine Stücke
*   geschnitten*
Saft und abgeriebene Schale von 1 unbehandelten Orange
Je 1 Messerspitze Zimtpulver und geriebene
*   Muskatnuß*
Mandeln oder kandierte Zitrusschale

Alle Zutaten – mit Ausnahme des Orangensaftes – pürieren und so viel Orangensaft hinzufügen, daß eine Paste entsteht. Die Paste in eine flache, mit Pergamentpapier ausgelegte Form drücken und über Nacht trocknen lassen. In rautenförmige Stücke schneiden und mit Mandeln oder kandierter Zitrusschale verzieren. Man kann das Mengenverhältnis der Trockenfrüchte verändern oder anderes Trockenobst und anstelle von Orangensaft Rosenwasser nehmen.

Die Idee, Trockenobst mit anderen – oder den gleichen – pürierten Trockenfrüchten zu füllen, ist nicht neu. Die Rezepte sind sehr einfach und bieten Raum für Kreativität. Auch Pasten aus Mandeln, Pistazien oder Haselnüssen sowie Marzipan sind köstliche Füllungen für getrocknete Datteln, Pflaumen oder Aprikosen. Die Schlichtheit solcher Rezepte erfordert bestes Marzipan, das man selbst herstellen sollte, da gekauftes oftmals künstlich aromatisiert und zu süß ist. Das folgende Rezept ergibt 500 g Marzipan: Aus 300 g Zucker und 175 ml Wasser stellt man Läuterzucker her, den man bis zum großen Ballen kocht. (Der große Ballen entspricht einer Temperatur von 121 °C.) In der Zwischenzeit vermischt man 180 g feingemahlene Mandeln und 2 Eßlöffel Wasser im Mörser zu einer geschmeidigen Masse. Den etwas abgekühlten Läuterzucker gibt man über die Mandelmasse und mischt das Ganze zu einer geschmeidigen Paste. Marzipan hält sich zwei Wochen und kann im Winter für Konfekt und Backrezepte verwendet werden.

Trockenpflaumen sind vielgeschmäht, aber köstlich, und machen deutlich, daß durch Konservieren von Nahrungsmitteln neue, eigenständige Produkte entstehen können. Kinder wollen zumeist nicht glauben, daß Backpflaumen nichts anderes als getrocknete frische Pflaumen sind, und weigern sich oft, sie zu essen. Vielleicht ist ihr Geschmack für einen Kindergaumen auch zu raffiniert, wenngleich Raffinesse niemals ein Anliegen jener Köche in öffentlichen Einrichtungen war, die wäßrige, geschmorte Backpflaumen unter wäßrigem Vanillepudding begruben. Trockenpflaumen brauchen kräftige Aromen, um zur Geltung zu kommen. Legt man sie eine Zeitlang in Weinbrand oder Armagnac ein, offenbaren sich all ihre Qualitäten; aber auch schon schwarzer Tee läßt sie schön aufquellen.

Datteln gibt es heute in vielfältiger Form, sowohl frisch als auch getrocknet, doch scheinen sie nur zusammen mit Walnüssen in Teekuchen oder unter einem klebrigen Überzug zur Weihnachtszeit aufzutauchen. Viele werden aus dem Mittleren Osten importiert. Wenn man erschöpft ist, wirken sie wie ein »Muntermacher«, denn sie enthalten reichlich Fruchtzucker. Getrocknet eignen sie sich für Rezepte wie Aprikosen-Konfekt, wo sie ein natürliches Süßungsmittel sind. Frische Datteln schmecken köstlich als Dessert oder zum Aperitif, wenn man sie aufschneidet und beispielsweise mit einer pikanten Füllung aus Roquefort und Crème fraîche serviert.

Getrocknete Aprikosen schmecken in der Regel weitaus aromatischer als frische, es sei denn, man kann reife Aprikosen selbst vom Baum pflücken. Das beste Aroma haben die kleinen, dunkelorangefarbenen, leicht säuerlichen Aprikosensorten; andere Sorten sind oftmals blaß und groß und ziemlich fad, scheinen heute aber in den Geschäften am verbreitetsten zu sein. Rezepte, bei denen die Aprikosen erhitzt werden, erfordern unbedingt eine aromatische Sorte, während man die weniger aromatischen gut direkt aus der Tüte naschen kann.

Traditioneller Hartkäse wurde auch früher schon in hohen zylindrischen Formen mit einer großen Oberfläche hergestellt. Beim Verbrauch eines solchen Käselaibs über einen längeren Zeitraum fielen daher immer Abschnitte, Käsekrümel oder angetrocknete Rindenstücke an, die es zu verwerten galt. Sparsame Hausfrauen bereiteten aus diesen Resten leckere Brotaufstriche zu, die bis zum Verzehr in kleinen Töpfen aufbewahrt wurden. Solche gehaltvollen Käsemischungen schmecken am besten in kleinen Mengen zu einfachen Crackern oder Baguette. Im Gegensatz zu früher, als Käse und Aromazutaten mühsam von Hand vermengt werden mußten, können wir sie heute in Windeseile mit Hilfe der Küchenmaschine verarbeiten.

Stilton ist ein cremig schmeckender englischer Blauschimmelkäse, der in den Grafschaften Derbyshire und Leicestershire hergestellt wird. Die Engländer bezeichnen ihn als den »König der Käse«. In alten englischen Rezepten wird Portwein für eingemachten Stilton verwendet, doch geben ihm Weinbrand oder Madeira eine weitaus bessere Farbe und Geschmacksnote. Gorgonzola, Roquefort und andere Blauschimmelkäse harmonieren gut mit Weinbrand und Armagnac.

Konservieren mit Fett

Das Konservieren von Nahrungsmitteln mit Fett hat eine lange Tradition. Rindfleisch, Garnelen, Zunge und auch Käse – all das wurde mit Fett, Gewürzen und anderen Aromazutaten gestreckt und zur Haltbarmachung mit geklärter Butter überzogen. Die so entstandenen Brotaufstriche, die französischen *rillettes* ähneln, wurden zum Abendessen oder als pikantes Zwischengericht bei großen Festtafeln serviert. Eine englische Spezialität war eingemachter Saibling, für den einst spezielle Porzellantöpfe mit einem Fischdekor hergestellt wurden.

EINGEMACHTER KÄSE

▣ Dieses Rezept wird mit Stilton, dem berühmten englischen Blauschimmelkäse, zubereitet, doch kann man es auch mit einem anderen Blauschimmelkäse oder einem guten Cheddar ausprobieren. Wenn der Käse zum unmittelbaren Verzehr bestimmt ist, füllt man ihn einfach in kleine Gefäße. Soll er länger halten, überzieht man ihn mit zerlassener geklärter Butter und deckt ihn mit Wachspapier ab.

350 g Stilton, gerieben oder zerkrümelt
75 g Butter
$^1/_2$ TL gemahlene Muskatblüte (oder $^1/_2$ TL Senf, wenn Cheddar verwendet wird)
1 Prise Cayennepfeffer
1 EL Weinbrand

Den Käse in eine Schüssel oder die Küchenmaschine geben. Die Butter – sie sollte Raumtemperatur haben – hinzufügen und alles zu einer glatten Masse verarbeiten. Dann Muskatblüte, Cayennepfeffer und Weinbrand untermischen. Abschmecken und nötigenfalls nachwürzen. Den Aufstrich in kleine Keramiktöpfe füllen und zum Durchziehen einige Stunden stehenlassen. Mit einfachen Crackern oder mit Baguette servieren.

Den fertig zubereiteten Käse füllt man in hübsche Keramikgefäße, überzieht ihn mit geklärter Butter und deckt ihn mit Wachspapier ab (oben und rechts).

KRÄUTERLIKÖR

◪ Dieser Kräuterlikör wird nach einem alten italienischen Rezept zubereitet. Die Zutaten können je nach Jahreszeit variiert werden. Im Sommer steht eine größere Auswahl an frischen Kräutern zur Verfügung, doch auch im Winter läßt sich dieser köstliche Likör ansetzen und als Digestif servieren.

600 ml Wodka
350 g Zucker
400 ml Wasser
1 unbehandelte Clementine oder 1 kleine
  unbehandelte Orange
Schale von 1 unbehandelten Limette
2 Zimtstangen
6 Kardamomkapseln
1 Vanilleschote
4 Wacholderbeeren
1 Messerspitze Safran
4 geröstete Kaffeebohnen
1 Prise grüner Tee
4 Nelken
2 Rosmarinzweige
2 Lorbeerblätter
3 Zitronen- oder Orangenblätter
1 EL getrocknete Limettenblüten
1 EL getrocknete Zitronenverbene
3 Salbeiblätter
2 Thymianzweige

Alle Zutaten – mit Ausnahme von Zucker und Wasser – in ein großes weithalsiges Gefäß geben und mit dem Wodka übergießen. Das Obst und die Limettenschale sollten nach Möglichkeit nicht an der Oberfläche schwimmen. Den angesetzten Likör etwa 1 Monat durchziehen lassen. Dann durch ein Sieb gießen. Den Zucker in 400 ml heißem Wasser auflösen und den Sirup abkühlen lassen. Den Sirup zu dem Kräuterschnaps geben und alles einen weiteren Monat stehenlassen. Den Kräuterlikör dann durch ein Mulltuch oder Filterpapier gießen, in Flaschen abfüllen und verkorken.

Ein großes Apotheken-Standglas wirkt dekorativ und eignet sich ausgezeichnet zum Ansetzen des Kräuterlikörs (rechts).

Die Küchen Südeuropas liefern außergewöhnliche Ideen zur Verwendung von Trockenfrüchten, wie etwa die Verbindung von Kräutern und Dörrobst – eine für uns eher ungewöhnliche Zusammenstellung. Aber nicht nur in Südeuropa hat man Dörrobst phantasievoll in der Küche verarbeitet. Auch bei uns hat man es auf ganz verschiedene Weisen zubereitet und mit anderen Lebensmitteln kombiniert. Historische Quellen berichten, daß man 1632 in Nürnberg Dörrobst kaufen konnte. So wurden grüne Bohnen mit getrockneten Apfelringen angerichtet oder Sauerkraut mit Backpflaumen, und auch Fleischfüllungen und Saucen wurden mit Trockenfrüchten verfeinert. Wir neigen heute eher dazu, an gewohnten Kombinationen bestimmter Aromen und Zutaten festzuhalten, und wagen es nur selten, damit zu experimentieren.

Fenchelsamen in einem Feigenkuchen beispielsweise durchbrechen die Süße der Trockenfrüchte und werden auch den größten Feigenfeind eines Besseren belehren. Versuchen sollte man auch mit Walnußhälften oder Mandeln gefüllte Trockenfeigen oder ein Konfekt aus pürierten Feigen und anderen Trockenfrüchten, gemahlenen Mandeln, aromatisiert mit Zimt oder Ingwer. Getrocknete Feigen und daraus zubereitete Süßigkeiten sollte man nach Möglichkeit immer auf frischen grünen Blättern anrichten – selbst in den Wintermonaten. Lorbeerblätter haben ein schönes, leuchtendes Grün, das das eher langweilige Braun der Feigen kontrastierend belebt.

Getrocknete Feigen, die bei uns besonders in der kalten Jahreszeit beliebt sind, kommen aus Griechenland, der Türkei und Kalifornien zu uns auf den Markt. Sie werden in der Sonne oder in besonderen Öfen getrocknet. Dadurch bekommen sie eine runde, flache Form und ihren wunderbaren, honigartigen Geschmack. Sie werden danach entweder blanchiert, mit Dampf behandelt und anschließend in die gewünschte Form gepreßt, bevor man sie in Cellophan verpackt oder als »Naturalfeigen« lose anbietet. Feigen sind eine ernährungsphysiologisch überaus wertvolle Bereicherung unseres Speisezettels, da sie reich an Mineralstoffen sind, vor allem an Kalzium, Kalium, Magnesium, Phosphor und Eisen, und sie wirken auf natürliche Weise verdauungsfördernd.

In Weinbrand oder Orangensaft eingelegte getrocknete Feigen kann man hacken oder über Eis und cremige Desserts streuen. Feigenpudding ist durch die Erzählung »Ein Weihnachtslied« von Charles Dickens unsterblich geworden. Unserem heutigen Geschmack entsprechen jedoch eher einfache Süßspeisen mit getrockneten Früchten, wie etwa ein Kompott aus Backobst, das in Tee oder in mit Vanille aromatisiertem Wasser pochiert, gut gekühlt und dann mit Joghurt oder saurer Sahne serviert wird. Ausgezeichnet schmeckt auch ein Dessert aus der Provence, für das man getrocknete Feigen zusammen mit Thymianzweigen, etwas Orangenschale und Honig bei milder Hitze langsam in Rotwein gart.

FEIGENKUCHEN

◪ Eigentlich wird dieser provenzalische Feigenkuchen in frische Feigen- oder Weinblätter gewickelt, dies ist jedoch nur im Sommer möglich. Aus diesem Grund wird hier eine flache runde Form von 20 cm Durchmesser verwendet, die man mit Pergamentpapier auslegt. Dies ist kein Kuchen im herkömmlichen Sinn, sondern eher ein Früchtebrot mit ungewöhnlichen Aromakomponenten.

1 kg getrocknete Feigen
30 Mandeln
2 TL getrocknete Fenchelsamen
Lorbeerblätter
Flüssiger Honig

Die Feigen waagerecht in Scheiben schneiden. Die Feigenscheiben lagenweise in die Form schichten; jede Schicht mit einigen Mandeln und Fenchelsamen bestreuen und jeweils ein Lorbeerblatt darauflegen. Ein Stück Pergamentpapier in Größe der Form zuschneiden und die Feigen damit abdecken. Das Ganze mit einem Teller und einem Gewicht beschweren. Einige Tage an einem kühlen Platz stehenlassen, dann das Gewicht und das Papier abnehmen und die Oberfläche mit flüssigem Honig bestreichen.

Ein köstliches Dessert aus Mandeln und getrockneten Feigen, dem Lorbeer und Fenchel ein herrliches Aroma verleihen.

WINTERMITTE

»In einem kleinen Hof jedoch, finde ich ein
grünes Fleckchen, wo Rotkehlchen, durch den
kargen Winter zahm geworden, umherflattern und
auf einem Spaten sich niederlassen...«

JOHN CLARE
Winter in den Marschen

Winterlicher Höhepunkt in Speisekammern und Küchen vergangener Tage waren zweifellos die ersten Orangen und Zitronen der Saison, die in der kalten Jahreszeit, wenn man sich nach Sonne und frischen Nahrungsmitteln sehnte, Farbe und Wohlgeruch in die Häuser brachten. Heutzutage, wo es Zitrusfrüchte das ganze Jahr hindurch gibt, vergessen wir nur allzu leicht, daß die besonderen Bitterorangen, auch Pomeranzen genannt, nur wenige Wochen Saison haben und dann rasch zu Marmelade verarbeitet werden müssen. In Spanien reifen Pomeranzen schon ab Ende Oktober, im restlichen Mittelmeer-

gebiet von Januar bis März. Saure Bitterorangen mit dicken Schalen waren früher die einzigen in Europa erhältlichen Orangen. Pomeranzen, die heute zur Herstellung von Marmelade verwendet werden, sind die letzten Vertreter dieser alten Sorten. Als aus Südchina und dem Nahen Osten süße Orangen nach Europa kamen, nahm die Nachfrage nach Bitterorangen stark ab. In alten Rezepten für Bitterorangen findet vor allem die Schale und weniger das Fruchtfleisch oder der Saft Verwendung. Zitronen- und Orangenschale wurde kandiert und diente als Aromazutat und Süßigkeit zum Naschen. Und auch die bei uns sehr beliebte englische *marmalade* wird aus der Schale und dem Fruchtfleisch von Zitrusfrüchten zubereitet.

In vielen Haushalten wird Marmelade selbst hergestellt, und auch viele Menschen, die in der Regel ihre Lebensmittel fertig zubereitet im Supermarkt kaufen, kochen trotzdem jedes Jahr selbst Marmeladen und Gelees. Einige traditionelle Frühstücksspeisen sind inzwischen von modernen Fertigprodukten verdrängt worden, Marmeladen und Gelees hingegen haben nichts von ihrer Beliebtheit eingebüßt.

ORANGENGELEE NACH ALTEM REZEPT

Im Gegensatz zu vielen anderen traditionellen Rezepten werden hier die Früchte zunächst im ganzen gekocht, was ihre Verarbeitung in mancherlei Hinsicht vereinfacht. Das fertige Gelee schmeckt ausgezeichnet und sehr frisch. Die Orangenschale kann nach Belieben in grobe Stücke oder feine Streifen geschnitten werden. Soll das Orangengelee eine dunklere Farbe und ein volleres Aroma bekommen, fügt man zusammen mit dem Zucker zusätzlich zwei Eßlöffel Melasse hinzu.

1,5 kg Pomeranzen (Bitterorangen)
3 l Wasser
1,5 kg Gelierzucker
Saft von 2 Zitronen

Die Bitterorangen gründlich waschen und abbürsten. Mit 2,5 l Wasser in einem großen Topf zum Kochen bringen. Den Deckel auflegen und die Orangen etwa 1½ Stunden köcheln lassen, bis sie durch und durch weich sind. Die Früchte herausnehmen, die Flüssigkeit aufbewahren. Die Orangen etwas abkühlen lassen und dann halbieren. Kerne und Fruchtfleisch mit einem Löffel herauslösen und in einen kleinen Topf geben. Die verbliebenen 500 ml Wasser hinzufügen und alles etwa 10 Minuten köcheln lassen, damit das Pektin freigesetzt wird. Die Orangenschale kleinschneiden und zu der Kochflüssigkeit in den großen Topf geben. Zucker, Zitronensaft und die durchgesiebte Flüssigkeit von Fruchtfleisch und Kernen hinzufügen. Bei niedriger Temperatur unter Rühren erhitzen, bis sich der Zucker aufgelöst hat. Dann etwa 15 Minuten kräftig kochen lassen, bis die Flüssigkeit geliert. Den Topf von der Kochstelle nehmen und etwa 15 Minuten stehenlassen. Das etwas abgekühlte Gelee dann in vorgewärmte saubere Gläser füllen, passend geschnittenes Wachspapier darauflegen und die Gläser verschließen.

Funkelnde Gläser mit köstlicher Zitrusmarmelade stehen für das kommende Jahr bereit (links). Die Marmelade kann auch in Gläser mit Schraubdeckelverschluß gefüllt werden.

EINGEMACHTE BLUTORANGEN

Eingemachte Früchte sind in der Regel gehaltvoller und erheblich süßer als Marmeladen, und die Früchte müssen nicht zerkleinert werden. Man serviert sie als Dessert mit Sahne oder Frischkäse. Dieses Rezept ergibt einen herrlichen purpurroten Sirup, in dem Orangenscheiben schwimmen.

6 Blutorangen
700 g Zucker
150 ml Weinbrand

Die Orangen gründlich waschen und in Scheiben schneiden; die Endstücke, die kein Fruchtfleisch enthalten, wegwerfen. Die Orangenscheiben in einer flachen Form schichtweise mit dem Zucker bestreuen und über Nacht stehenlassen. Das Obst zusammen mit dem ausgetretenen Saft am nächsten Tag in einen großen flachen Topf geben. Den Inhalt langsam zum Kochen bringen und köcheln lassen, bis die Orangenscheiben weich und durchscheinend sind. Den Weinbrand unterrühren und den Topf von der Kochstelle nehmen. Die Früchte zusammen mit dem Sirup in Einmachgläser füllen und die Gläser verschließen.

*Eingemachte Blutorangen haben eine wundervolle rubinrote Farbe (oben).
Zum Saftziehen läßt man sie mit Zucker bestreut über Nacht stehen (Seite 60/61).*

Vögel füttern

Auch wenn man im Winter die Vögel zusätzlich mit Futter versorgt, sollte man den Garten so gestalten, daß er Vögeln auch im Winter Nahrung bietet, wie etwa Früchte, die man an den Bäumen und Sträuchern beläßt. Einige Holzäpfel und Tafeläpfel reifen sehr spät und sind daher eine ausgezeichnete Futterquelle, wenn es kälter und das Nahrungsangebot knapper wird. Lassen Sie Samenpflanzen nach der Blüte stehen, damit sich Finken und andere Samenfresser die ausgereiften Samen holen können. Sträucher wie Mispeln und Feuerdorn tragen lange ihre Beeren und sind daher noch im späten Winter eine reiche Futterquelle, wenn andere Früchte bereits verschwunden sind. Viele kleine Vögel sind von Larven und Insekten abhängig, die in der Baumrinde überwintern. Verzichten Sie also unbedingt auf Pestizide, und entfernen Sie alte oder abgestorbene Äste erst im Frühjahr.

Einst war Mitteleuropa ein weitgehend geschlossenes Waldland, durchzogen von Gewässern, Wiesen, Sumpf- und Moorlandschaften. Heute ist die gesamte Vegetationsfläche sehr zusammengeschrumpft, und wir finden nahezu nirgends mehr Lebensräume, deren Vegetation nicht vom Menschen geprägt und verändert ist. Da es kaum noch wirklich unberührte Lebensräume für Vögel gibt und die Felder weitaus intensiver bewirtschaftet werden als in vergangenen Zeiten, spielen Gärten für das Überleben vieler Vogelarten eine immer wichtigere Rolle. Früher, als die Landwirtschaft weniger effizient betrieben wurde als heute und noch Monate nach der Ernte Getreidekörner und Reste anderer Feldfrüchte auf den Bauernhöfen und am Feldrand lagen, fanden Vögel auch in den Wintermonaten reichlich Nahrung. Heute hingegen wird die Ernte rasch und gründlich eingebracht und dann in riesige Silos gefüllt, die Tieren keinen Zugang bieten. Und die Äcker werden unmittelbar nach der Ernte umgepflügt, so daß kleine Säugetiere und Vögel keine Möglichkeit mehr haben, dort Futter zu finden. Tierarten, die einst im Bereich der Feldhecken lebten, werden zunehmend in die städtischen Randgebiete, die Dörfer und Gärten abgedrängt, wo sie weitgehend darauf angewiesen sind, daß Menschen für ihr Futter sorgen, selbst wenn dies oftmals unwissentlich geschieht. Durch das Anpflanzen von Obstbäumen sowie Sträuchern und Pflanzen, die Beeren und Samen hervorbringen, sichern wir das Überleben vieler Vogel- und anderer Tierarten im Winter.

Unsere Einstellung gegenüber Wintergästen wie Mäusen oder Vögeln unterscheidet sich stark von der mittelalterlicher Zeitgenossen, die sie als Gefahr für ihre Wintervorräte betrachteten. Die Hauskatze als Fänger solcher Tiere gehörte damals in jeden Haushalt, gleich welchen Standes, und es waren wohldurchdachte Maßnahmen nötig, um das eingelagerte Getreide, Obst, Fleisch und Gemüse zu schützen, von dem das eigene Überleben in den harten Wintermonaten abhing und das bis zur nächsten Ernte nicht aufgestockt werden konnte. Kornspeicher wurden auf rattensichere Ständer gesetzt und die Getreide- und Mehlvorräte in dickwandigen Holzkästen aufbewahrt. Schinken, Würste und Speck wurden in Tücher eingeschlagen und hoch oben unter die Decke des Vorratsraumes gehängt, während man frisches Wild, Käse und andere leicht verderbliche Nahrungsmittel in Vorratsschränken aufbewahrte, wo feinmaschiger Draht tierische Eindringlinge fernhielt. Flüssigkeiten und dergleichen wurden in Steingutgefäßen gelagert, die man zusätzlich auf abgeschrägte Keramik- oder Holzunterlagen stellte, damit Mäuse nicht hinaufklettern und in die Behälter gelangen konnten.

Wenngleich Scharen von Sperlingen und Finken früher eine große Menge der Getreidevorräte gefressen haben müssen, sind Vögel heute willkommene Gartenbewohner, über deren munteres Treiben sich viele Gartenbesitzer freuen. Neben dem traditionellen Fettfutter und den Kokosnußhälften versorgen wir unsere gefiederten Wintergäste heute zumeist auch mit Erdnüssen, Samen und speziellem Vogelfutter. Verzichten Sie jedoch darauf, Speisereste wie Brotkrusten oder Kartoffeln in den Garten zu werfen, da nicht alles den Vögeln gut bekommt, besonders, wenn es gefroren ist; außerdem würden sie lediglich Ratten anlocken. Hängen Sie statt dessen Futter auf, das die Vögel beschäftigt und von möglichst vielen Arten angenommen wird. Versuchen Sie, sowohl Samen- wie auch Allesfresser mit Nahrung zu versorgen, und denken Sie daran, daß manche Tiere einfach zu scheu oder ängstlich sind, um in ein Futterhäuschen zu fliegen, aber gerne die Bröckchen aufpicken, die andere Vögel auf die Erde fallen lassen.

VOGELFUTTER

Dieses Rezept bietet zahllose Möglichkeiten zur Abwandlung, die sich nach den zur Verfügung stehenden Zutaten und den Vögeln richten, die man füttert. Fett ist ein wesentlicher Bestandteil, da es sowohl als Bindemittel für die übrigen Zutaten wie auch als Energiequelle für die Vögel dient, die an den kurzen Wintertagen große Futtermengen aufnehmen müssen, um genügend Energie für die langen und kalten Nächte speichern zu können. Nach Belieben können Sie auch Rindertalgstückchen unter die trockenen Zutaten mischen. Im folgenden Rezept ist mit dem Tassenmaß ein Volumen von 125 ml gemeint.

Etwa 250 g gehärtetes Pflanzenfett
2 Tassen Haferflocken
2 Tassen gehackte Nüsse
2 Tassen Maisflocken
2 Tassen Weizenschrot
2 Tassen gemischte Samen für Wildvögel
2 Tassen gehackte Rosinen
oder
12 Tassen handelsübliche Samenmischung
für Wildvögel

Das Pflanzenfett in einem großen Topf zerlassen. Die trockenen Zutaten in eine große Schüssel füllen und mit dem zerlassenen Fett übergießen. Alles gründlich durchrühren, bis das Fett gleichmäßig verteilt ist. Die benötigte Fettmenge variiert je nach Zutaten, muß aber immer so berechnet sein, daß die Mischung zusammenhält, wenn das Fett abkühlt und erstarrt. Das Fettfutter mit angefeuchteten Händen zu kleinen Kuchen oder Kugeln formen oder in flache Gefäße füllen. An einen kühlen Ort stellen, bis es hart geworden ist. Mit Drahtgeflecht umwickeln und an einen Baum oder an das Vogelhäuschen hängen.

Das Herstellen von Vogelfutter ist zwangsläufig
mit Unordnung und Schmutz verbunden. Am
besten erhitzt man das Fett daher in der Küche,
mischt die Zutaten aber in einem Außengebäude
oder einem Schuppen (links).

Die Wintermitte scheint nicht unbedingt die beste Zeit zur Herstellung von Duftwässern und Kräuterauszügen zu sein, und doch ist dies in vielerlei Hinsicht genau jene Art von Beschäftigung, nach der man sich in der kalten Jahreszeit sehnt, weil sie das Haus an den dunklen Wintertagen mit herrlichen Düften füllt, die an den Sommer erinnern. Ätherische Öle, die wunderbar duften, gibt es das ganze Jahr zu kaufen, und sie können die Grundlage für Parfum und Eau de Cologne sein, das man für sich selbst herstellt oder zu Geburtstagen und besonderen Anlässen an Freunde verschenken kann.

Manche Kräuter sind immergrün und im Winter ebenso reichlich vorhanden wie in den Sommermonaten, und obwohl ihr Bukett etwas schwächer sein kann, eignen sie sich dennoch ausgezeichnet für Rezepte wie etwa Rosmarin-Haarspülung. Für die hier aufgeführten Rezepte wird Wasser benötigt; steht kein Leitungswasser guter Qualität zur Verfügung, sollte man Quellwasser oder kohlensäurefreies Mineralwasser kaufen. Alte Rezepte für Parfums enthalten oftmals Weingeist, der als medizinischer Alkohol in Apotheken erhältlich, aber sehr teuer ist. Ersatzweise läßt sich anderer neutraler Alkohol verwenden, wie etwa reiner Wodka.

ROSMARIN-HAARSPÜLUNG

▨ Rosmarin ist eine altbekannte Heilpflanze, die stärkend und belebend auf Haare und Kopfhaut wirkt und dunkelbraunen und schwarzen Haaren eine kräftige Farbe verleiht. Das ätherische Öl der Rosmarinpflanze wirkt stimulierend auf das Gehirn und soll daher das Gedächtnis fördern. Darüber hinaus hilft es gegen Müdigkeit, Verdauungsstörungen und Kopfschmerzen. In der Medizin wird das ätherische Öl in Salbenform bei Gelenkrheumatismus, Nerven- und Muskelschmerzen verordnet. Bei diesem Rezept handelt es sich um einen Kräuterauszug, den man nach der Haarwäsche als Spülung verwendet. Durch die leicht saure Spülung werden die alkalischen Reste des Shampoos neutralisiert, und das Haar erhält einen gesunden Glanz und frischen Duft.

1 Bund frischer Rosmarin, etwa 10 Zweige
2 l Quellwasser
150 ml Apfelessig
6 Tropfen Rosmarinöl

Zuerst die Rosmarinzweige in kurze Stücke brechen und in eine große Schüssel legen. Dann das Quellwasser in einem Topf zum Kochen bringen, den Rosmarin damit übergießen und 4 Stunden ziehen lassen. Die Flüssigkeit absieben, dann den Apfelessig und das ätherische Öl gründlich untermischen, in Flaschen füllen und verkorken. Für blondes Haar läßt sich nach dem gleichen Rezept eine Kamillenspülung herstellen. Dazu verwendet man anstelle des frischen Rosmarins 500 ml getrocknete Kamillenblüten. Nach Belieben kann das Rosmarinöl dann auch durch Zitronenöl ersetzt werden.

Zweige des immergrünen Rosmarinstrauchs sind
die Grundlage eines belebenden Haarwassers
(oben links).

Im Winter lassen sich in der Küche Duftwässer
und Kräuterauszüge herstellen. Als Zubehör
brauchen Sie lediglich eine Hitzequelle, ein
Spülbecken, Trichter, Siebe, Schüsseln und
Flaschen (links).

EAU DE COLOGNE

▨ Dieses Duftwasser ruft Erinnerungen an Großmutters Taschentücher und das Betupfen der Handgelenke an heißen Sommertagen wach. Die selbstgemachte Version ist leicht und erfrischend. Neroliöl, ein klassischer Bestandteil des Kölnischwassers, ist sehr teuer und wurde hier durch andere ätherische Öle ersetzt.

300 ml Wodka
Je 10 Tropfen Zitronen-, Bergamott- und
  Geraniumöl
Je 6 Tropfen Rosmarin- und Orangenöl
6 ganze Kardamom-Fruchtkapseln
75 ml Quellwasser

Den Wodka zusammen mit den ätherischen Ölen und den Kardamomkapseln in eine Flasche füllen, verkorken und 48 Stunden stehenlassen. Das Wasser untermischen, die Flasche wieder verkorken und 1 Woche stehenlassen. Das Eau de Cologne durch einen Papierfilter gießen und in eine dekorative Flasche füllen.

Eau de Cologne und ähnliche Duftwässer sind
weitaus einfacher herzustellen als man annimmt
(oben).

MANDELMAKRONEN

◼ Makronen sind einfach und schnell zubereitet. Sie schmecken ausgezeichnet zu Desserts oder als Kaffeegebäck und halten sich gut in einer hübschen Keksdose. Am besten schmekken sie, wenn sie in der Mitte noch etwas weich und zäh sind.

2 Eiweiß
100 g gemahlene Mandeln
100 g Zucker
1 oder 2 Tropfen Mandel-Essenz
Mandeln blanchiert, enthäutet und halbiert

Ein Backblech mit Backpapier auskleiden. Das Eiweiß steif schlagen und gemahlene Mandeln, Zucker und Mandel-Essenz behutsam unterheben. Mit einem Teelöffel in ausreichendem Abstand kleine Makronen auf dem Backblech absetzen und jeweils eine halbe Mandel darauflegen. Die Makronen etwa 12 Minuten bei 180 °C (Gasherd Stufe 2–3) backen, bis sie leicht gebräunt sind. Auf ein Kuchengitter legen und abkühlen lassen. Zu Desserts oder zum Kaffee servieren.

Köstliche Mandelmakronen sind ein feines
traditionelles Gebäck (oben).

CANTUCCI

◼ Diese harten Mandelplätzchen sind eine Spezialität aus Prato, einer Stadt in der Nähe von Florenz. Dort serviert man sie als Dessert und tunkt sie vor dem Verzehr in ein Glas süßen Vin Santo. Sie sind aber auch köstlich zu einer Tasse Capuccino. Die Mandelplätzchen halten sich ausgezeichnet, schmecken aber so köstlich, daß sich die Frage der Haltbarkeit in den meisten Fällen nicht stellt.

100 g Mandeln (nicht enthäutet)
220 g Mehl
80 g Zucker
1 TL Natron
2 Eier, verquirlt
1 Eiweiß
1/2 TL Vanille-Extrakt
1 Prise Salz

Den Backofen auf 190 °C (Gasherd Stufe 3) vorheizen. Die Mandeln auf einem Backblech gleichmäßig verteilen und etwa 10 Minuten im Ofen rösten. Abkühlen lassen und dann etwa die Hälfte grob hacken. Die restlichen Mandeln in der Küchenmaschine mahlen. In einer großen Schüssel Mehl, Salz, Zucker, Natron und die gemahlenen Mandeln vermischen. Zunächst die Eier, dann die gehackten Mandeln und den Vanille-Extrakt unterarbeiten. Den Plätzchenteig auf ein Brett legen und in drei Stücke teilen. Jede Portion zu einer Rolle von etwa 2,5 cm Durchmesser formen. Dann die Teigrollen mit weitem Abstand voneinander auf ein gefettetes Backblech legen und mit leicht verquirltem Eiweiß bestreichen. Das Blech für etwa 20 Minuten in den Backofen schieben. Das Gebäck aus dem Ofen nehmen und die Teigrollen schräg in etwa 1 cm dicke Scheiben schneiden. Den Backofen auf 140 °C (Gasherd Stufe 1/2–1) herunterschalten. Das in Scheiben geschnittene Mandelgebäck wieder auf dem Blech verteilen und noch etwa 5 Minuten backen. Auf einem Kuchengitter abkühlen lassen und in einem luftdicht verschlossenen Behälter aufbewahren.

Englische Vollkornkekse, einfache Cracker und
italienische »Cantucci« (rechts).

ENGLISCHE VOLLKORNKEKSE

◨ Weizenvollkornmehl, Hafermehl und Demerara-Zucker verleihen diesen Keksen einen
wunderbar herzhaften Geschmack. Von diesem
Gebäck können größere Mengen hergestellt
werden, denn es hält sich ausgezeichnet.

100 g Weizenvollkornmehl
100 g mittelfeines Hafermehl
10 g Demerara-Zucker
¹/₂ TL Natron
75 g Butter
1 Spritzer Zitronensaft
1 EL Milch
1 Prise Salz

Weizen- und Hafermehl, Natron, Zucker, Salz
und Zitronensaft in eine große Schüssel geben.
Die Butter unterarbeiten, so daß ein krümeliger
Teig entsteht. Die Milch hinzufügen und alles
mit einer Gabel zu einem glatten Teig verkneten. Den Teig auf der bemehlten Arbeitsfläche
etwa 3 mm dick ausrollen. Runde Plätzchen
ausstechen und diese mit einer Gabel mehrmals
einstechen. Auf ein eingefettetes Backblech legen und im vorgeheizten Backofen bei 180 °C
(Gasherd Stufe 2–3) etwa 15 Minuten backen,
bis die Kekse leicht gebräunt sind. Auf einem
Kuchengitter auskühlen lassen.

CRACKER ZUM KÄSE

◨ Diese Cracker sind einfach zubereitet und
schnell gebacken. Sie passen ausgezeichnet zu
Weich- oder Frischkäse, denn sie sind herrlich
knusprig, aber so mild im Geschmack, daß sie
den Käsegeschmack nicht überdecken. Die
Cracker sehen besonders reizvoll aus, weil beim
Backen Blasen entstehen.

220 g Mehl
25 g Butter
1 Prise Salz
Etwa 150 ml heiße Milch

Mehl und Salz in eine große Schüssel geben und
die Butter unterkneten. Nach und nach so viel
heiße Milch unterarbeiten, daß ein fester, glatter
Teig entsteht. Den Teig auf der Arbeitsfläche
gründlich durchkneten und dann in sechs Stük-
ke teilen. Jedes Stück hauchdünn ausrollen,
auch wenn dies recht anstrengend ist. Mit einem
Glas runde Cracker von 4 cm Durchmesser ausstechen und diese auf ein gefettetes Backblech
legen. Bei 220 °C (Gasherd Stufe 4–5) für 5
Minuten in den Ofen schieben, bis die Cracker
aufgegangen und stellenweise leicht gebräunt
sind. Auf einem Kuchengitter abkühlen lassen
und in einem luftdicht verschlossenen Behälter
aufbewahren.

SPÄTWINTER

*»Eine sparsame Hausfrau ist besser als ein hohes
Einkommen.«*

C. H. SPURGEON
John Ploughman's Rede, 1869

Zitronen sind mediterrane Früchte, die in Ländern wie
Italien und Spanien gedeihen. Die Bäume haben glänzende
immergrüne Blätter und herrlich duftende weiße Blüten, die
sich bereits zeigen, wenn die Früchte der letzten Blüte noch
heranreifen. Viele Gerichte kann man sich ohne das Aroma frischer Zitronen kaum vorstellen, und heutzutage sind die gelben
Früchte das ganze Jahr erhältlich. Früher dagegen bekam man
sie nur in der kalten Jahreszeit, und es gab keine zuverlässigen
Methoden, den frischen Saft zu konservieren, auch wenn man
ihn mitunter in Flaschen abfüllte und mit einer dünnen Schicht
Mandelöl bedeckte. Mit Rum gemischt, nahmen Schiffe früher
Zitronensaft als Mittel gegen Skorbut mit an Bord.

In den heißen tropischen Regionen treten Limetten an die
Stelle der Zitronen. Ursprünglich stammen sie aus Südostasien;
inzwischen werden sie aber auch in Lateinamerika, Florida,
Afrika und auf den Westindischen Inseln angebaut. Das grüne
Fruchtfleisch dieser aromatischen Früchte ist etwa doppelt so
saftig wie das der Zitronen.

LIMETTENCREME

▶ Dieses Rezept wird in gleicher Weise zubereitet wie traditionelle englische Zitronencreme *(lemon curd)*.

4 unbehandelte Limetten
170 g Zucker
4 Eier
100 g Butter

Die Limetten gründlich säubern. Von zwei Früchten die Schale abreiben und von allen Limetten den Saft auspressen. Eier und Zucker verquirlen, dann Saft und Schale der Limetten hinzufügen. Die Mischung im heißen Wasserbad erhitzen und die Butter in kleinen Stücken dazugeben. Die Masse unter häufigem Rühren erhitzen, bis sie eindickt (was bis zu 30 Minuten dauern kann). In sterilisierte Gläser füllen und in den Kühlschrank stellen. Innerhalb eines Monats verbrauchen.

Limettencreme ist ein köstlicher
Brotaufstrich (links).

Limetten lassen sich einfach schälen (oben).

ZITRONENGELEE

▶ Dieses Gelee ist feiner im Geschmack als die klassische englische Orangenmarmelade.

1,5 kg Zitronen
3 l Wasser
1,5 kg Gelierzucker

Die Zitronen gründlich säubern und dünn schälen. Die Schale in feine Streifen schneiden und mit der Hälfte des Wassers in einen Topf geben. Mit aufgelegtem Deckel 2 Stunden köcheln lassen. Die Früchte in Stücke schneiden, mit dem restlichen Wasser in einen zweiten Topf geben und $1^1/_2$ Stunden köcheln lassen. Die Fruchtstücke durch ein feines Sieb oder ein Mulltuch abgießen und die Flüssigkeit zu der Schale in den Topf geben. Alles zum Kochen bringen und etwa 10 Minuten kochen lassen, dann den Zucker hinzufügen und rühren, bis er sich aufgelöst hat. Kräftig kochen lassen, bis der Gelierpunkt erreicht ist, dann in Gläser füllen.

Mit sonnengelbem Zitronengelee zum Frühstück
beginnt der Tag auf ganz besondere Weise (oben).

Glas findet seit Jahrhunderten im Haushalt Verwendung, und es bedarf der besonderen Pflege, damit seine geschätzten Materialeigenschaften erhalten bleiben. Gewöhnliche Trinkgläser und Glasschüsseln stellen wir heute einfach in die Geschirr-spülmaschine oder waschen sie im Spülbecken ab, doch feines Kristall und hochwertiges Glas muß stets behutsam behandelt und sorgfältig gereinigt werden, da es sonst fleckig wird und seinen Glanz verliert.

In den großbürgerlichen Haushalten war es früher eine spezielle Aufgabe der Hausdiener und Küchenmädchen, sich um die kostbaren Trinkgläser, Karaffen, Dessertschalen, Vasen und selbst die bescheidenen Fenster zu kümmern, und sie hatten alle möglichen Rezepte, um Glas zum Funkeln zu bringen. Viele dieser alten Methoden funktionieren auch heute noch ausgezeichnet, die meisten von uns kennen sie nur nicht und wissen nicht, wie man sie anwendet.

Fenster putzt man am besten mit einem Fensterleder, das man in warmes Essigwasser tunkt und ausdrückt, anschließend wischt man die Scheiben dann sorgfältig mit einem sauberen weichen Tuch trocken. Vasen, Gläser und Karaffen, bei denen sich bestimmte Stellen weder mit der Bürste noch mit den Fingern erreichen lassen, sollte man mit einer Mischung ausschwenken, für die man zerstoßene Eierschalen 48 Stunden in Zitronensaft auflöst. Flecken an Glaswaren lassen sich auch entfernen, wenn man kleine rohe Kartoffelstücke hineingibt und sie mit etwas kaltem Wasser hin und her schwenkt, bis das Glas sauber ist.

Mit rohen Kartoffeln kann man Flecken an
Glaswaren beseitigen (oben).

In Zitronensaft aufgelöste Eierschalen ergeben
eine milchige Flüssigkeit, mit der sich
fleckige Karaffen und Flaschen säubern
lassen (rechts).

LEDERPFLEGEMITTEL

▣ Wachs und Terpentin müssen sehr vorsichtig erhitzt werden, da sie einen niedrigen Brennpunkt haben und sich leicht entzünden. Das Pflegemittel bewahrt man in einer fest verschlossenen Flasche auf und schüttelt es vor Gebrauch kräftig; es ist sehr sparsam im Gebrauch. Gebleichtes Bienenwachs ist in Apotheken erhältlich.

75 g Bienenwachs
25 g gebleichtes Bienenwachs
570 ml reines Terpentin
570 ml kochendes Wasser
25 g Seifenflocken

Das Bienenwachs entweder in kleine Stücke raspeln, in das Terpentin geben und warten, bis es sich aufgelöst hat, oder Wachs und Terpentin vorsichtig im Wasserbad erhitzen. Die Seifenflocken im kochenden Wasser auflösen und abkühlen lassen. Dann die Seifenlauge kräftig unter das aufgelöste Bienenwachs rühren, so daß die Flüssigkeit emulgiert. In Flaschen füllen und diese gut verschließen.

Schlittschuhe müssen vor Nässe geschützt werden und sollen schön glänzen, wenn sie über das Eis gleiten (oben).

Leder spielte früher eine bedeutende Rolle als Material für alle möglichen Gegenstände in Haus und Hof. Als es noch keine Autos gab und Pferde das wichtigste Transportmittel waren, gab es in jedem Dorf einen Sattler für das Zaum- und Sattelzeug der Pferde. Damit das Leder geschmeidig, wasserabweisend und in gutem Zustand blieb, benötigte man die verschiedensten Reinigungs- und Pflegemittel. Relikte dieser alten Tradition findet man heute noch in Reiterkreisen, wo Dinge wie Sattelseife und andere Spezialmittel regelmäßig zum Einsatz kommen. In normalen Haushalten sieht das Ganze etwas anders aus, denn kaum jemand wird seine Stiefel mit einer Mischung aus Bienenwachs und Schaffett imprägnieren oder seine braunen Schuhe mit der Innenseite einer Bananenschale polieren, aber es ist interessant zu wissen, daß Lackleder durch eine Mischung aus einem Teil Leinöl auf zwei Teile Sahne einen herrlichen Glanz bekommt.

Viele moderne Gegenstände mit Lederoberflächen brauchen nur von Zeit zu Zeit mit einer Silikoncreme oder einem Spezialspray behandelt zu werden, doch sollte man solche Mittel nicht für altes oder hochwertiges Leder benutzen. Kunsthandwerkliche Lederarbeiten, wie Futterale, Bucheinbände, aber auch kostbare Koffer und Taschen bedürfen einer liebevollen Pflege. Ähnlich wie Holz- oder Metallpolituren erfordern altmodische Lederpflegemittel stets den sparsamen Gebrauch des Pflegemittels, aber gründliches (und schweißtreibendes) Nachreiben mit einer Bürste oder einem Tuch. Die meisten von uns bevorzugen heute zwar den sofortigen Glanz aus der Flasche, doch ist es ein ungemein befriedigendes Gefühl, ein altes Buch oder einen uralten Koffer aufzupolieren und zu erleben, wie das Leder wieder Farbe und Glanz bekommt.

Viele altbewährte Rezepte für Lederpflegemittel beruhen auf Terpentin, das mit Ölen oder Wachsen vermischt wird, doch einige der altmodischen Rezepturen kann man heutzutage nicht mehr herstellen, da die erforderlichen Zutaten heute nur schwer oder gar nicht mehr erhältlich sind. Ein altes Mittel zum Imprägnieren von Leder bestand beispielsweise aus Burgunder Pech, Leinöl, Terpentin und gelbem Wachs, woraus sich schließen läßt, daß es sicherlich seine Wirkung erfüllt, jedoch weder sonderlich gut aussieht noch riecht.

Ein gutes Rezept für ein modernes Lederpflegemittel (siehe linke Spalte) besteht hauptsächlich aus Bienenwachs und Terpentin. Durch die Zugabe von Wasser und etwas Seife entsteht eine cremige Emulsion, die sich auch bei kleinen Lederteilen oder stark strukturierten Oberflächen mühelos auftragen läßt. Grundsätzlich sollte man für Lederpflegemittel stets reines Terpentin und niemals Terpentinersatz verwenden.

Liebevoll gepflegtes Leder besticht durch seinen warmen, wunderschönen Glanz, wie diese Sammlung alter Lederarbeiten zeigt (rechts).

Trüffeln sind ein kulinarischer Luxus, den man vermutlich nur wenige Male im Leben genießen wird, doch für den Fall, daß Sie eines Tages ein paar frische Exemplare geschenkt bekommen sollten, lohnt es sich zu wissen, wie diese kostbaren Pilze zubereitet werden. Am besten sind selbstverständlich frisch ausgegrabene Trüffeln, an denen noch Erde hängt und die wie kleine Kartoffeln oder schwarze Steine aussehen. Sie verströmen dann ihr einzigartiges Aroma, und man beginnt, das Geheimnis zu verstehen, das sie umgibt. Ein Teil ihrer Fremdartigkeit beruht auf der Tatsache, daß es sich um unterirdische Pilze handelt, die über der Erde nicht sichtbar und daher nur schwer aufzuspüren sind. Schwarze Perigord-Trüffeln *(Tuber melanosporum)*, die nicht nur in Südfrankreich, sondern auch in der »Trüffelzone« Spaniens sowie an einigen Plätzen in der Schweiz und in Italien zu finden sind, und weiße Piemont-Trüffeln *(Tuber magnatum)* gehören zu den begehrtesten und teuersten Delikatessen.

Trüffelsuche

Zum Aufspüren von Trüffeln werden von jeher Tiere abgerichtet, denn die menschliche Nase kann den Geruch der bis zu dreißig Zentimeter tief im Waldboden wachsenden Pilze nicht wahrnehmen. Anstelle der früher üblichen Trüffelschweine setzt man heute in Frankreich und Italien zumeist Hunde ein, denn sie neigen weniger dazu, die kostbaren Pilze zu verspeisen – oder lassen sich zumindest entsprechend abrichten. Die Trüffelsaison ist recht kurz; sie dauert nur wenige Monate.

Es gibt rund 20 Trüffelarten, von denen hier nur zwei weitere genannt seien: die Wintertrüffel *(Tuber brumata)* und die Sommertrüffel *(Tuber aestivum)*. Beide Arten sind aber in Aroma und Qualität nicht so hochwertig und werden auch nicht kommerziell vermarktet. Früher oblag es einzig der Natur, Trüffeln unter einem Eichenbaum wachsen zu lassen. Heute hingegen ist es möglich, ihr Vorkommen zu beeinflussen, indem man an geeigneten Standorten junge Eichen pflanzt, so daß das Auffinden der Pilze keine reine Glückssache mehr ist. Perigord-Trüffeln gehören zu den wenigen Pilzen, die sich kommerziell kultivieren lassen, sie wachsen heute auch in speziell angelegten Pflanzungen und nicht mehr ausschließlich in natürlichen Eichenwäldern.

Im Gegensatz zu vielen anderen Pilzen haben schwarze Trüffeln nicht im warmen, feuchten Frühherbst, sondern im späten Winter Saison. Sie gedeihen nur bei bestimmten Niederschlagsmengen und unter verschiedenen anderen Bedingungen, so daß sich niemals vorhersagen läßt, ob man überhaupt welche findet. All dies führt zwangsläufig zu einem hohen Risiko im Spiel um die Trüffeln und zu einem erbitterten Konkurrenzkampf in den kleinen Dörfern und Städten jener Regionen, wo die Trüffel heimisch ist. Gleichzeitig hoffen Küchenchefs in Paris, daß sie in diesem Jahr als erste mit den dicksten und köstlichsten Trüffeln der Saison beliefert werden.

Die »Diamanten der Küche«, wie Alexandre Dumas diese köstlichen Edelpilze nannte, haben eine völlig andere Form als die meisten Speisepilze; sie sehen eher aus wie mittelgroße Kartoffeln und haben eine rauhe, mit zahlreichen Warzen übersäte Haut. Die meisten von uns kennen Trüffeln lediglich als winzige schwarze Stückchen, wie man sie in einigen Pasteten findet, oder als kleine Späne, die es in Dosen zu kaufen gibt und die ihr feines Aroma und ihren Duft weitgehend verloren haben. Wer jemals das Glück hat, eine ganze schwarze Trüffel zu bekommen, sollte sie auf einfache Weise zubereiten, um den unverfälschten Geschmack genießen zu können. Wie viele andere Pilze auch, passen Trüffeln ausgezeichnet zu Eierspeisen, Reisgerichten und Huhn.

Trüffeln haben die wundervolle Eigenschaft, ihren Duft und ihren Geschmack auf andere Nahrungsmittel zu übertragen, was man sich zunutze machen sollte. Traditionell legt man eine frische Trüffel für kurze Zeit in ein geschlossenes Gefäß mit frischen Eiern, die dadurch ihr Aroma annehmen und anschließend zu köstlichen Omeletts oder Rührei verarbeitet werden können. In gleicher Weise kann man eine Trüffel in ein Glas mit Arborio-Reis legen, der dann für Risotto oder eine Fleisch- oder Geflügelfüllung verwendet wird. Kleine Trüffeln oder Abschnitte hebt man in Weinbrand auf und nimmt die Flüssigkeit zum Aromatisieren von feinen Suppen und Saucen. In Späne gehobelte rohe Trüffeln kann man auch über Nudeln und Eiergerichte streuen.

TRÜFFEL-RISOTTO

▣ Italienischer Risotto wird häufig mit gehobelten weißen Trüffeln serviert, doch schmeckt auch mit einer schwarzen Trüffel aromatisierter Reis köstlich. Verzichten Sie auf Parmesan, denn er überdeckt das Pilzaroma.

75 g Butter
1 kleine Zwiebel, feingehackt
200 g italienischer Arborio-Reis (mit einer
  schwarzen Trüffel aromatisiert)
150 ml trockener Weißwein
Etwa 600 ml heiße Hühnerbrühe
Salz und frisch gemahlener schwarzer Pfeffer

Die Hälfte der Butter bei schwacher Hitze zerlassen und die Zwiebeln darin dünsten, bis sie glasig sind. Den Reis hinzufügen und rühren, bis er glasig ist. Den Wein angießen. Sobald der Reis die Flüssigkeit aufgenommen hat, in kurzen Abständen immer wieder etwas Hühnerbrühe hinzufügen und umrühren. Wenn der Risotto nach etwa 20 Minuten gar ist, die restliche Butter dazugeben, würzen und servieren. Der Reis soll verhältnismäßig flüssig und cremig sein. nach Belieben kann dem Risotto nach der Hälfte der Garzeit eine frische kleingeschnittene Trüffel zugefügt werden.

Makelloser weißer Reis birgt das geheimnisvolle
Aroma kleiner schwarzer Trüffeln (oben).

GETRÜFFELTES RÜHREI

▣ Dies ist ein klassisch einfaches, aber köstliches Rezept zur Zubereitung von Eiern. Das Rührei kann entweder mit Eiern hergestellt werden, die zuvor zusammen mit Trüffeln gelagert wurden und auf diese Weise das einzigartige Trüffelaroma erhalten haben, oder mit dünnen Scheiben von frischen Trüffeln. Servieren Sie dazu kleine Toastecken oder frisches, knuspriges Brot. Die folgenden Zutaten ergeben eine Portion.

2 verquirlte Eier, die zuvor zusammen mit
  einer frischen Trüffel gelagert wurden
Butter
2 TL Sahne
Frische Trüffel (nach Belieben)
Salz und frisch gemahlener Pfeffer

Falls verwendet, die frische Trüffel von Erde befreien, waschen und gründlich mit einer Bürste reinigen. Dann in dünne Scheiben schneiden, in das verquirlte Ei geben und einige Zeit stehenlassen, damit sich die Aromen verbinden. Dann etwas Butter in einer kleinen schweren Pfanne zerlassen. Wenn die Butter schäumt, die Eier hinzufügen und behutsam rühren, bis die Eier stocken. Bevor das Rührei trocken wird, die Sahne unterrühren. Sofort servieren.

In Frankreich aromatisiert man mit Trüffeln Eier
und andere Nahrungsmittel (oben).

Die Bedeutung von Kräutern und Blumen als Duftträger und Insektenschutz war niemals größer als im Mittelalter. Aus Seifenkraut *(Saponaria officinalis)* stellte man sogar Waschmittel selbst her. Über die Eigenschaften verschiedener Pflanzen und ihre Verwendungsmöglichkeiten wußte man hinlänglich Bescheid, und in den Gärten wuchsen nicht nur einheimische Wildblumen, sondern auch Pflanzen aus anderen Teilen der Erde, die im Haus nützliche Dienste leisteten.

Dein Atem ist lieblicher als Balsam, Zucker oder Süßholz...
Und du duftest so lieblich wie die Levkojen
Oder all die Lavendelblüten in einer Wäschetruhe.

Dieser Text aus dem späten 14. Jahrhundert vergleicht eine Frau mit den lieblich duftenden Pflanzen, die man zwischen die Wäschestücke und das Linnen in den derben Holztruhen und Schränken der mittelalterlichen Häuser legte. Wohlgerüche waren von großer Bedeutung in einer Zeit mit Seuchen, schlechten oder gar fehlenden sanitären Einrichtungen und ohne fließendes Wasser, aber bestimmte Pflanzen wurden auch als Insektenschutz eingesetzt. So diente Eberraute, frisch oder getrocknet, als Mottenschutz für Wollsachen; Rainfarnblätter wurden zerrieben und über Fleisch gestreut, um Fliegen fernzuhalten; und Großes Flohkraut und Poleiminze sollten Flöhe vertreiben. Und mit ihrem stechenden Geruch verfehlen diese Pflanzen, die man häufig mit Lavendelblüten vermischte, auch heute nicht ihre Wirkung. Lavendel galt für die Wäschepflege als die Duftpflanze schlechthin und sorgte für einen frischen und angenehmen Geruch in den Schränken und Truhen. Bei schönem Wetter wurde die Wäsche zum Trocknen auf Lavendelbüschen ausgebreitet, so daß durch die wärmenden Sonnenstrahlen ein Teil der ätherischen Öle in das Gewebe zog und der Wäsche einen zarten Duft verlieh. Auf dem Land war dieser Brauch noch bis in jüngste Zeit üblich, was vermutlich auch erklärt, weshalb man Lavendelbüsche oder Wegeinfassungen aus Lavendel in der Nähe von Türen pflanzte, die zur Küche und zum Waschhaus führten.

Duftkissen für Wäscheschränke lassen sich sehr einfach herstellen, und da frische Kräuter und Blüten chemischen Mitteln in jedem Fall überlegen sind, sollten Sie darauf verzichten, Ihre Wäsche in parfümierten Waschpulvern und Weichspülern zu baden, von denen der Wohlgeruch der Duftkissen überdeckt und verfälscht würde. Die mit Lavendel oder anderen Kräutern gefüllten Duftsäckchen, die es zu kaufen gibt, sind zumeist recht klein und verlieren sich in einem großen Wäscheschrank leicht. Weitaus besser ist es, großzügig bemessene Duftkissen anzufertigen, auch wenn man sie dann teilweise mit Füllmaterial wie Kapok oder Rohbaumwolle stopft. Große Duftkissen lassen sich beispielsweise mühelos zwischen zusammengelegte Bettlaken schieben und haben zweifellos einen größeren Effekt.

DUFTKISSEN FÜR WÄSCHESCHRÄNKE

◾ Getrocknete Kräuter und Blüten für Duftkissen erhält man in Kräuterläden, Drogerien und Apotheken, oder man zieht die Pflanzen selbst im Garten. Um den Duft zu erzielen, der Ihnen am besten gefällt, sollten Sie mit den jeweiligen Mengen der Zutaten experimentieren. Die Mischung ähnelt einem Potpourri, doch ist hier ausschließlich der Geruch entscheidend – das Aussehen spielt eine untergeordnete Rolle.

1 Maß getrockneter Thymian
1 Maß getrockneter Rosmarin
1 Maß getrockneter Rainfarn
1 Maß getrocknete Eberraute
3 Maß getrocknete Lavendelblüten
1 Maß getrocknete Rosenblüten
1 Maß in Stücke gebrochene Zimtstangen
1/2 Maß zerstoßene Gewürznelken
1/2 Maß Veilchenwurzelpulver

Die Kräuter und Blüten in eine große Schüssel geben und große Zweige oder Stengel in Stücke brechen. Die Gewürze und das Veilchenwurzelpulver hinzufügen. Alles gründlich vermischen, um die Veilchenwurzel gleichmäßig zu verteilen, da sie als Fixierer für die anderen Düfte wirkt. Die Mischung in Stoffkissen füllen.

Ein mit mittelalterlichen Fabeltiermotiven bedruckter altmodischer Stoff ist das ideale Material für Duftkissen (oben).

Nehmen Sie feinen Baumwollstoff wie Batist oder Musselin für die Kissen und Säckchen. Besteht die Duftmischung nur aus Blättern und Blüten, reicht ein grobgewebter Stoff, enthält sie jedoch auch pulverisierte Zutaten, muß das Gewebe eine dichtere Struktur haben. Fertigen Sie zuerst ein quadratisches oder rechteckiges Kissen an, indem Sie zwei Stoffstücke rechts auf

Einen altmodischen Wäscheschrank zu öffnen,
in dem herrlich duftende Wäsche und Tücher
liegen, ist ein wahres Vergnügen (oben).

rechts aufeinanderlegen und an drei Seiten zusammennähen. Die Stoffhülle dann auf rechts drehen, mit der Duftmischung füllen und auf der letzten Seite von Hand zunähen. Es ist nicht nötig, das Kissen mit einem Reißverschluß oder Knöpfen zu versehen, damit es sich zum Erneuern oder Auffrischen der Füllung öffnen läßt, da man eine der kurzen Seiten recht schnell auftrennen und wieder zunähen kann, sollte dies einmal erforderlich sein. Sind die benötigten getrockneten Zutaten nicht erhältlich, kann man auch ätherische Öle auf etwas Rohbaumwolle oder Watte tropfen und diese in ein synthetisches Füllmaterial einschlagen, das man dann in das Stoffkissen steckt.

FRÜHLING

 un kündigt sich mit den ersten Frühlingsblumen, die mutig ihre Blüten öffnen, und dem launischen Wetter, das abrupt zwischen wärmenden Sonnenstrahlen und eisiger Kälter wechselt, ein neues Gartenjahr an. In dieser Zeit stellt man Produkte her, für die man keine saisonabhängigen Zutaten braucht, und bringt Ordnung in die sich rasch leerenden Vorratsregale und -schränke, denn sie werden sich schon bald wieder füllen, wenn der Frühling vollends Einzug gehalten hat und der Garten seine ersten Früchte hervorbringt.

Mit ihrer klaren Form bieten Eier immer einen schönen Anblick. Eine Schale oder ein Korb mit frischen Eiern in der Küche weckt die Lust auf bevorstehende kulinarische Freuden: Kuchen, Saucen und Fruchtpasten.

FRÜHLINGSANFANG

*»Der Frühling zieht erneut ins Land
und bringt all das,
Was mein kindliches Herz noch immer erfreut;
Schon sehe ich wieder Veilchen am Wegesrand,
Zwischen Efeu und alten verwitterten Blättern …«*

JOHN CLARE
Der Holzapfelbaum

Eier sind von jeher ein Sinnbild des Frühlings. Sie waren die ersten frischen Nahrungsmittel, die es in größeren Mengen gab, wenn die Tage wieder länger wurden und Hühner, Enten und Gänse zu legen begannen. Bis zum heutigen Tag sind sie ein Symbol des Frühlings und der Wiedergeburt des Jahres geblieben, und obwohl wir nun das ganze Jahr hindurch Eier zu kaufen bekommen, haben zumindest all jene, die selbst Hühner im Garten halten, im Frühjahr noch immer eine Fülle von frischen, köstlichen Eiern, die es zu verarbeiten gilt.

Freilandhühner legen im Frühjahr am besten, Gänse und Enten ausschließlich zu dieser Zeit, und so versuchte man früher auf verschiedenste Weise, die Eier für die kargen Monate am Jahresende zu konservieren. Man strich sie mit Fett oder Zink-salbe ein oder bewahrte sie in Kalkwasser auf. Zu diesem Zweck gab es spezielle galvanisierte Eimer mit Deckel und herausnehmbarem Drahtkorb, in dem die Eier lagen. Eine andere Methode war es, die Eier rundum mit Butter einzureiben oder sie in eine Mischung aus Salz, Wasser, gelöschtem Kalk und Weinstein zu legen, so daß die porösen Eierschalen versiegelt und das Innere konserviert wurde.

Heute kann man frische Eier für zwei bis drei Wochen im Kühlschrank lagern, doch es gibt noch immer keine Methode zum Frischhalten von Eiern über einen längeren Zeitraum. Man bewahrt sie mit dem spitzen Ende nach unten auf und beläßt sie am besten im Karton, um den Feuchtigkeitsverlust gering zu halten. Selbst das Gefriergerät ist keine große Hilfe, außer daß man Eiweiß und Eigelb getrennt einfrieren und später zum Kuchenbacken verwenden kann. Auch verquirlte Eier lassen sich einfrieren, doch kann man sie ebenfalls nur zum Backen oder für Omeletts verwenden – und niemals mit dem gleichen Erfolg wie frische Eier. Weitaus besser ist es daher, die Eier zu besonderen, fast schon verschwenderischen Köstlichkeiten zu verarbeiten, die sich eine gewisse Zeit halten und eine willkommene Bereicherung für die Speisekammer sind. Zitronen- und Orangenfruchtpasten sind ein gutes Beispiel; andere Möglichkeiten sind Kuchen und Gebäck wie Makronen und Baisers.

LÖFFELBISKUITS

⌧ Dieses zarte, lockere Gebäck paßt ausgezeichnet zu Tee oder Kaffee, aber auch zu cremigen Desserts und Eis. In einer luftdicht verschlossenen Dose halten sich die Löffelbiskuits ausgezeichnet. Nach Belieben läßt sich die locker-schaumige Biskuitmasse mit etwas abgeriebener Zitronenschale, Orangenblütenwasser, Vanillezucker oder einigen Tropfen Vanille-Essenz aromatisieren. Wenn Ihnen das Spritzen des Teigs zu umständlich ist, können Sie auch einfach mit einem Löffel kleine runde oder längliche Plätzchen formen. Keine Sorge, es macht nichts, wenn die Löffelbiskuits flach bleiben – sie schmecken trotzdem köstlich.

50 g Mehl
50 g Zucker
2 Eier

Den Backofen auf 190 °C (Gasherd Stufe 3) vorheizen. Bei der Verwendung einer Küchenmaschine die Eier mit dem Zucker in einer großen Rührschüssel (möglichst aus Edelstahl) verquirlen. Wird der Teig von Hand bereitet, Eier und Zucker in einer Schüssel über ein heißes (nicht kochendes) Wasserbad setzen. Die Masse schlagen, bis sie cremig ist und bandartig vom Schneebesen fließt. Dann behutsam das durchgesiebte Mehl unterheben. Ein Backblech einfetten und mit Mehl bestäuben. Den Teig in einen Spritzbeutel mit 2 cm breiter Lochtülle füllen und insgesamt etwa 20 fingerlange Teigstreifen auf das Backblech spritzen. Die Teigstreifen mit etwas Zucker bestreuen und die Löffelbiskuits etwa 15–18 Minuten backen, bis sie am Rand leicht gebräunt, innen aber noch weich sind. Das heiße Gebäck vorsichtig auf ein Kuchengitter heben und abkühlen lassen; die Kekse werden dabei fest und etwas knusprig. In einer luftdicht verschlossenen Dose aufbewahren. Mitunter ist es praktischer, die doppelte Menge an Löffelbiskuits zu backen.

Die ersten blaßgelben Primeln des Frühjahrs zieren ein Küchenregal, auf dem eine dekorative Blechdose mit verlockenden Löffelbiskuits aus frischen Eiern steht (links).

BAISERS IN MEHREREN FARBEN

3 Eiweiß
175 g Zucker
25 g ungesalzene Pistazienkerne, gehackt
25 g kandierte Veilchenblüten
1 TL Rosenwasser
10 g kandierte Rosenblütenblätter

Den Backofen auf 120 °C (Gasherd Stufe $^1\!/_2$) vorheizen. Ein Backblech mit Backpapier auslegen. Das Eiweiß steif schlagen, dann nach und nach den Zucker unterrühren. Die letzten Zuckerzugaben behutsam mit einem Metalllöffel unterheben. Die Baisermasse in drei Portionen teilen. Unter eine Portion die Pistazienkerne, unter die zweite die kandierten Veilchenblüten und unter die dritte das Rosenwasser und die kandierten Rosenblüten mischen. Kleine Baisers auf das Backblech spitzen und etwa 1 Stunde im Ofen trocknen. Den Backofen abschalten und die Baisers bei geöffneter Backofentür abkühlen lassen.

Pastellfarbene Baisers in unterschiedlichen Geschmacksrichtungen, mit Veilchen-, Rosen- und Pistazienaroma, sind köstliche Schätze im Vorratsschrank (oben).

Bevor es rostfreien Edelstahl und leicht zu reinigende Gerätschaften und Kochutensilien gab, war es schwierig und zeitaufwendig, Metalloberflächen glänzend und fleckenlos zu erhalten. Bevor der geschlossene Herd Einzug in die Küchen gehalten hatte, wurde über dem offenen Feuer gekocht; das erzeugte natürlich Ruß, Rauch und Asche. Die ältesten Reiniger waren nichts anderes als Scheuermittel, die oftmals bloß aus feinem Sand oder Erde bestanden. Stahlklingen von Messern rieb man beispielsweise mit Backsteinstaub oder feinem Sand ab, damit sie glänzten, und sie mußten eingefettet werden, um Rost und Flecken zu vermeiden. Ende des 19. Jahrhunderts waren riesige patentierte Maschinen in Gebrauch, bei denen die Messerklingen gegen rotierende Bürsten gehalten wurden, die man mit einer Kurbel in Bewegung setzte. Mit Ausnahme der Messerklingen, die scharf sein mußten, bestand das Besteck damals in vornehmen Haushalten aus Silber oder versilbertem Material, während die einfachen Leute Besteck aus billigeren Legierungen benutzten. Zinn, das zum Auskleiden von Kochtöpfen verwendet wurde, ließ sich mit Kieselgur und Rapsöl reinigen. Alle Metalle, die rosten konnten, mußten in der Nähe des Kamins oder des Herdfeuers in der Küche aufbewahrt werden.

Kupfer und Messing waren die gängigsten Metalle für Küchenutensilien und dekorative Gegenstände, und beide mußten entsprechend behandelt werden, damit sie sich nicht verfärbten. Dazu wurden die verschiedensten Mittel verwendet, die von einer Mischung aus Holzasche, Hefe, Ingwer und Zitronensaft bis hin zu Silbersand und Essig reichten.

Messing und Kupfer werden auch heute noch schön blank, wenn man sie mit einer Mischung aus Salz und Zitronensaft oder Zitronensaft und Holzasche putzt; anstelle von Zitronensaft kann man auch Essig nehmen. Die Verwendung von Zitrone ist jedoch zumeist einfacher, da man die Gerätschaften direkt mit einem Zitronenviertel oder einem Stück Schale abreiben kann. Eine alte Zahnbürste ist zum Reinigen schwieriger Teile ebenfalls überaus nützlich.

Zum anschließenden Polieren der Metallflächen benötigt man große Mengen sauberer Tücher. Achten Sie darauf, daß die Säuremischung auch an Vertiefungen und Ritzen vollständig entfernt wird, da sich sonst an diesen Stellen Grünspan bildet. Das Ganze ist eine recht schmutzige Angelegenheit, so daß man am besten alles, was einer entsprechenden Behandlung bedarf, zusammenträgt und die Arbeit im Garten, in der Garage oder in einem Schuppen durchführt.

Alte, verschmutzte Kupfergegenstände erstrahlen in neuem Glanz, wenn man sie mit einfachen, altmodischen Mitteln reinigt und anschließend gründlich poliert (links).

INGWER-GEWÜRZKUCHEN

▨ Dieser flache, recht klebrige Kuchen hält sich ausgezeichnet. Da sich die Aromen mit der Zeit noch besser entwickeln, sollte man den Kuchen nach Möglichkeit erst einige Tage durchziehen lassen, bevor man ihn anschneidet. Für einen schlichteren Kuchen kann man die Früchte und die Ingwerstücke weglassen.

100 g Butter
100 g Muscovadozucker
100 g heller Zuckerrohrsirup
(Golden Syrup)
100 g dunkler Zuckerrohrsirup (Melasse)
100 ml warme Milch
4 TL gemahlener Ingwer
1 TL gemahlener Zimt
¹/₂ TL gemahlene Muskatnuß
1 Prise gemahlene Nelken
4 EL Sherry
3 Eier, verquirlt
220 g Mehl
1 TL Weinstein
1 Prise Salz
Abgeriebene Schale und Saft von 1 unbehan-
delten Orange
50 g Sultaninen
50 g eingelegter Ingwer, gehackt
50 g kandierte Zitronenschale, gehackt
1 TL Natron

Ingwer ist der Wurzelstock einer einjährig kultivierten Staude, die ursprünglich aus den tropischen Wäldern Südostasiens stammt, heute aber auch in Afrika, Australien und auf den Westindischen Inseln angebaut wird. Bereits vor mehr als 3000 Jahren gelangte Ingwer nach Indien, und durch den Einfluß der Römer wurde er im Mittelalter auch bei uns bekannt. Seine frische Schärfe, sein Aroma und seine verdauungsfördernden Eigenschaften machten ihn sehr beliebt, und Ingwer wurde schon bald ebenso selbstverständlich zum Würzen verwendet wie Salz und Pfeffer.

Jedes Land hat sein spezielles Brot und Gebäck mit getrocknetem Ingwer, und heute wird Ingwer auch zunehmend frisch in der asiatisch inspirierten Küche verwendet. Frischer Ingwer hat einen scharfen, frischen Geschmack, getrockneter und gemahlener Ingwer hat ein wärmeres und würzigeres Aroma. Frischer Ingwer läßt sich auf vielfältige Wiese konservieren, und die Möglichkeiten reichen von sauer eingelegtem rotem Ingwer aus Japan bis zu süßem kandiertem Ingwer oder den in Sirup eingelegten Stücken, die früher in wunderschön verzierten blau-weißen chinesischen Gefäßen verkauft wurden.

Frischer Ingwer hält sich gut, wenn man ihn in
Sherry einlegt und an einem kühlen Platz
aufbewahrt. Er sollte immer mit Flüssigkeit
bedeckt sein (oben).

Den Backofen auf 170 °C (Gasherd Stufe 2) vorheizen. Butter und Zucker schaumig schlagen. Sirup, Milch, Gewürze und Sherry hinzufügen. Alles kräftig verrühren und dann abwechselnd das verquirlte Ei und das mit Weinstein und einer Prise Salz durchgesiebte Mehl in kleinen Mengen hinzufügen. Orangensaft und -schale, Sultaninen, Ingwerstücke und Zitronenschale dazugeben. Das Natron in etwas Wasser auflösen und hinzufügen. Den Teig gründlich durchrühren, in eine gefettete, mit Backpapier ausgelegte Form von etwa 30 × 23 × 7,5 cm Größe füllen und 40–60 Minuten bakken. Den Kuchen etwa 15 Minuten in der Form abkühlen lassen, dann auf ein Kuchengitter stürzen. Den kalten Gewürzkuchen in Quadrate schneiden und in einem luftdicht verschlossenen Behälter aufbewahren.

INGWERKEKSE

▨ Aus diesen einfachen Keksen kann man zu Weihnachten auch Figuren, wie etwa Sterne, Herzen oder Tannenbäume, ausstechen. Der Teig ist völlig unproblematisch, und da ihm endloses Ausrollen und Ausstechen nichts ausmacht, eignet er sich ausgezeichnet, wenn Kinder backen wollen. Im Mittelalter wurden die Gewürznelken und sonstigen Verzierungen für besondere Tage und Feste vergoldet.

2 EL heller Zuckerrohrsirup (Golden Syrup)
1 EL dunkler Zuckerrohrsirup (Melasse)
75 g Zucker
1 EL Wasser
1 TL gemahlener Zimt
1 TL gemahlenes Lebkuchengewürz
^{1}/2 TL gemahlene Muskatnuß
1 ^{1}/2 TL gemahlener Ingwer
Abgeriebene Schale von 1 unbehandelten
    Orange
75 g Butter
^{1}/2 TL Natron
2 TL Orangensaft
220 g Mehl

In einem großen Topf Sirup, Zucker, Wasser und Gewürze erhitzen. Die abgeriebene Orangenschale hinzufügen und alles unter Rühren zum Kochen bringen. Den Topf von der Kochstelle nehmen. Butter, Natron und Orangensaft dazugeben und dann so viel durchgesiebtes Mehl unterarbeiten, daß ein fester Teig entsteht. Dann den Teig auf der Arbeitsfläche abkühlen lassen und den Backofen auf 180 °C (Gasherd Stufe 2–3) vorheizen. Den Teig etwa 3 mm stark ausrollen und mit Ausstechförmchen oder einem Messer in die gewünschten Formen bringen. Nach Belieben mit Pistazienkernen, Nelken oder Mandeln dekorieren. Auf einem gefetteten Blech etwa 12 Minuten backen. Die Kekse einige Minuten abkühlen lassen, dann auf ein Kuchengitter legen.

Das Aroma dieses gehaltvollen, saftigen Ingwer-Gewürzkuchens wird mit der Zeit immer intensiver (links oben). Die kleinen Ingwerkekse können auch in Rautenform geschnitten werden, wie es im Mittelalter Brauch war (links unten).

Der Glaube an die Kraft eines stärkenden Frühjahrstrunks war in alten Zeiten stark ausgeprägt. Nach den langen trägen Wintertagen meinte man, der Körper könne auf diese Weise wieder neue Lebenskraft bekommen. Zitronen waren fester Bestandteil solcher Kuren, und Kinder tranken die selbstgemachte Limonade gern, die ihre Großmutter und Mütter nach eigenen Rezepten an den ersten warmen Frühlingstagen herstellten. Rhabarber, der bei uns ab April geerntet wird, galt ebenfalls als sehr gesund. Auch andere Pflanzen lieferten die ersten frischen Zutaten und Vitamine. Aus Sauerampfer und Brennesselblättern kochte man Suppen, und Löwenzahn, Miere und Gartenwildkräuter wie Guter Heinrich sorgten für lebenswichtige Mineralstoffe. Der scharfe und säuerliche Geschmack dieser frischgeernteten Pflanzen war zweifellos eine willkommene Abwechslung nach den eingemachten und getrockneten Nahrungsmitteln der Wintermonate.

Selbstgemachte Limonade ist ein köstliches Vergnügen, das heute – zugunsten industriell produzierter Erfrischungsgetränke – leider in Vergessenheit geraten ist. Um eine Limonade herzustellen, die sofort trinkfertig ist, richtet man sich nach untenstehendem Rezept oder bereitet ein einfaches Zitronenwasser, für das man pro Person eine Zitrone auspreßt und den Saft in einem großen Krug nach Geschmack mit Zucker und Wasser verrührt. Nach Belieben läßt sich jedes Erfrischungsgetränk mit Eiswürfeln kühlen.

Selbstgemachte Limonade

Von drei saftigen Zitronen die Schale dünn abschälen. Die Zitronenschale mit drei Eßlöffeln Zucker in einen Krug geben und mit kochendem Wasser übergießen. Gut durchrühren und abkühlen lassen. Die Zitronen auspressen, den Saft mit in den Krug geben und alles mit kaltem Wasser verdünnen. Je nach Geschmack können Sie die Menge an Zitronensaft, Wasser und Zucker reduzieren oder erhöhen.

LIMONADENSIRUP

 Dies ist ein Sirup zur Herstellung von Limonade. Er kann in sterilisierte Flaschen abgefüllt und an einem kühlen Ort für einige Zeit aufbewahrt werden. Geöffnete Flaschen sollte man in den Kühlschrank stellen und möglichst rasch aufbrauchen. Der Sirup kann mit Sodawasser oder kohlensäurehaltigem Mineralwasser aufgegossen werden. An heißen Tagen ist er die Grundlage für ein schnell zubereitetes Erfrischungsgetränk. In jedes Glas sollte man eine Scheibe frische Zitrone und zwei Zweige Minze, Borretsch oder Zitronenmelisse geben.

5 kleine unbehandelte saftige Zitronen, gründlich gesäubert
700 g Rohrzucker
600 ml kochendes Wasser
25 g Weinstein

Mit einem scharfen Messer die Schale der Zitronen dünn abschälen. Zitronenschale und Zucker in einem Krug oder einer Schüssel mit dem kochenden Wasser übergießen und alles gut durchrühren. Die Zitronen auspressen und den Saft und den Weinstein zu dem Sirup geben. Die Flüssigkeit abkühlen lassen, dann durch ein Sieb gießen und in Flaschen füllen. Pro Glas Limonade etwa 2 Eßlöffel Sirup verwenden.

Ein großer Topf mit Zitronen zur Herstellung von konzentriertem Limonadensirup (oben). Das Ergebnis ist eine köstliche erfrischende Limonade (rechts).

Produkte, die Bienenstöcke liefern, finden seit Jahrhunderten im Haushalt Verwendung. Das wichtigste Produkt war selbstverständlich der Honig, den man zum Süßen von Speisen nahm und aus dem man Getränke wie Met, das traditionelle Getränk aus vergorenem Honig, herstellte, doch auch Bienenwachs hatte eine große Bedeutung. Aus Bienenwachs fertigte man Kerzen, und es wird auch noch heute in geringem Umfang dafür verwendet, insbesondere für hochwertige, langsam abbrennende Kirchenkerzen. Darüber hinaus war Bienenwachs ein wesentlicher Bestandteil von Holzpolituren und -pflegemitteln sowie eine wichtige Zutat für Cremes und Hautlotionen. Das Wachs ist ein natürliches Sekret, das von Drüsen am Hinterleib der Bienen produziert und zum Bau der Waben verwendet wird. In den Waben lagern die Bienen den Honig, und dort werden auch die Eier abgelegt.

Nach dem Entfernen des Honigs werden die Waben geschmolzen, dann siebt man Verunreinigungen ab und füllt das Bienenwachs in Formen. Die erstarrten Blöcke haben eine kräftige goldbraune Farbe und einen überaus angenehmen Geruch. Zur Herstellung von Kosmetika gibt es in Apotheken gebleichtes Wachs in Blöcken zu kaufen oder als Granulat, das leichter schmilzt als ein großes Stück Wachs und daher einfacher zu verarbeiten ist. Wachs sollte man stets im heißen Wasserbad schmelzen. Da Bienenwachs einen sehr niedrigen Schmelzpunkt hat und, wenn man es für eine Politur oder dergleichen mit Terpentin mischt, sehr leicht entflammbar ist, muß man mit großer Vorsicht arbeiten.

Früher wurden Holzfußböden mit einer Mischung aus Ölen und Bienenwachs behandelt. In sparsamen Haushalten sammelte man zu diesem Zweck alle alten Kerzenstummel und vermischte das geschmolzene Wachs mit Terpentin zu einer einfachen Politur. Eine solche Bienenwachspolitur verleiht Hölzern im Lauf der Jahre eine herrliche Patina, die durch industriell gefertigte Polituren nicht entsteht. Bevor man die Politur in geeignete Behälter füllt, kann man noch einige Tropfen Lavendel-, Zitronen- oder Rosmarinöl unterrühren. Wer reichlich Lavendel im Garten hat, kann auch einen kräftigen Aufguß mit frischen Lavendelblüten herstellen und diesen anstelle des im Rezept auf Seite 89 angegebenen Wassers verwenden. Rosmarin verleiht der Politur ebenfalls einen angenehmen Geruch, doch ist Lavendel die traditionelle Duftpflanze für Reinigungs- und Poliermittel. Reiner Bienenhonig wird seit Jahrhunderten für die Schönheitspflege verwendet. Sein hoher Gehalt an organischen Säuren und Enzymen macht ihn zu einem kostbaren Bestandteil vieler Hautpflegemittel. Der beste Bienenhonig ist der kaltgeschleuderte, und wenn Sie Kosmetika selbst herstellen, sollten Sie nicht auf Honigsorten minderer Qualität zurückgreifen. Honig gilt auch als Wundheilmittel, da man ihm eine antiseptische Wirkung nachsagt. Er ist auch heute noch ein wichtiger Bestandteil vieler industriell hergestellter Kosmetika.

HANDCREME MIT MANDELN UND HONIG

⚅ Diese Salbe sollte man benutzen, wenn die Hände rauh und aufgesprungen sind, wie etwa nach ausgiebiger Gartenarbeit oder einem Hausputz. Reiben Sie die Creme gründlich in die Haut ein, oder tragen Sie sie dick auf, und ziehen Sie für einige Zeit oder über Nacht Baumwollhandschuhe an. Die Wirkung der Salbe ist sofort spürbar. Die Benzoetinktur (in Apotheken erhältlich) dient als Konservierungsmittel. Nach Belieben kann die Creme auch mit einigen Tropfen eines wohlriechenden ätherischen Öls parfümiert werden. Geranium- oder Lavendelöl sind besonders gut geeignet.

2 Handvoll Haferflocken
50 g Mandeln, sehr fein gemahlen
1 Eigelb
1 EL klarer reiner Bienenhonig
2 EL süßes Mandelöl
8 Tropfen Benzoetinktur

Alle Zutaten miteinander verrühren. Am einfachsten geht dies mit der Küchenmaschine. Stellt man die Salbe von Hand her, bekommt sie eine grobere Konsistenz. Zum Aufbewahren in kleine verschließbare Töpfchen füllen.

Diese Handcreme mit Mandeln und Honig hilft ausgezeichnet bei rauhen, aufgesprungenen Händen (oben).

88

BIENENWACHS-HOLZPOLITUR

▨ Diese Paste eignet sich hervorragend zur Pflege wertvoller Holzmöbel, die man nicht mit modernen Silikonpolituren aus dem Supermarkt behandeln sollte. Das beste Ergebnis erzielt man, wenn die Politur nur dünn aufgetragen und anschließend gründlich mit einem weichen Tuch nachpoliert wird.

50 g Bienenwachs
10 g gebleichtes Bienenwachs
300 ml reines Terpentin
25 g Kernseife
150 ml kochendes Wasser
5–6 Tropfen ätherisches Öl (nach Belieben)

Wachs und Terpentin langsam im Wasserbad erwärmen, bis das Wachs geschmolzen ist. Die Seife in das kochende Wasser raspeln und kräftig durchrühren, damit sie sich auflöst. Das Seifenwasser etwas abkühlen lassen. Sobald es nur noch lauwarm ist, mit dem geschmolzenen Wachs zu einer Emulsion verrühren. In kleine Behälter mit fest schließendem Deckel füllen. Die Politur ist lange Zeit haltbar.

Gutes Holz verdient eine erstklassige Politur, die
die Farbe und die Maserung nicht überdeckt
(links). Bienenwachs, von hellem gebleichtem
Granulat bis zu gerollten Kerzen aus Waben-
platten, eignet sich ideal zur Herstellung von
Möbelpolituren (oben).

FRÜHLINGSMITTE

*»Zum Beseitigen von Sommersprossen … gieße
man einen halben Liter Weißweinessig in ein
Glas mit sechs Galläpfeln und einigen Holunder-
blättern, stelle es in die Sonne und wasche
sich das Gesicht damit.«*

THOMAS NEWINGTON
Ratgeber für vornehme Familien, 1719

Im Frühjahr wurden früher Möbel, Fußböden und Wäsche besonders gründlich gereinigt und ausgebessert. Die Sommer-
kleidung und empfindliche Stoffe hatten durch das Einlagern
im Winter möglicherweise gelitten, und so wurden nach über-
lieferten Rezepten spezielle Mittel gegen Flecken und andere
Schäden hergestellt. Alle Stoffe bestanden aus natürlichen Materialien – Leinen, Wolle und Baumwolle –, aber jeder erforderte eine besondere Behandlung mit Kübeln voll heißem Wasser
und merkwürdigen Zutaten, wie etwa Reisstärke, Lauge, Soda,
Kleie und kleberähnlicher Appretur, um saubere, duftende und
gestärkte Textilien zu erhalten. Im Mittelalter nahmen die
Waschfrauen zum Stärken von Gesichtsschleiern eine Appretur
aus Holzspänen, und die kunstvollen Halskrausen, die man im
16. Jahrhundert trug, wurden nach dem Stärken mit speziellen
Plissiereisen in Form gebracht. Schwarze Seidenstoffe säuberte
man mit gekochten und zerstampften Efeublättern, helle Seide
mit Kartoffelwasser. Gekochte Kleie nahm man zum Reinigen
von Chintzstoffen, und Fettflecke wurden in warmem Wein eingeweicht oder mit nassen Hühnerfedern weggerieben.

*Die ersten Maßliebchen und frühe Rhabarber-
sorten wachsen jetzt im Garten (oben). Rost-
flecken verschwinden, wenn man sie im Saft einer
gekochten Rhabarberstange einweicht (rechts).*

Von den zahllosen alten Rezepten zum Konservieren und Einmachen von Fleisch sind nur noch wenige verbreitet, da heute das ganze Jahr hindurch frisches Fleisch erhältlich ist. Wollte man in früherer Zeit auch im Winter Fleisch essen, konnte man es nur in Fässer füllen und einsalzen, in Fett konservieren oder auf eine andere Weise weiterverarbeiten, wie etwa bei Schinken und Speck, die man pökelte oder räucherte. Bevor es Konservendosen und Einmachgläser gab und der Einfluß von Bakterien auf Nahrungsmittel bekannt war, die durch Sterilisationsverfahren unschädlich gemacht werden können, wurden Wild, Geflügel und andere Fleischstücke gegart, in Holz- oder Steingutgefäße gefüllt und mit einer Fettschicht vor dem Verderben geschützt. Der Vorgang war zeitaufwendig und kompliziert, und der Erfolg hing davon ab, daß keine Luft und somit keine Bakterien an das Fleisch gelangen konnten, die es innerhalb kürzester Zeit ungenießbar gemacht hätten. Nachlässigkeiten beim Garen und Lagern haben einst wahrscheinlich häufig zu Lebensmittelvergiftungen geführt, die damals wohl ein unvermeidliches Risiko waren.

In den ländlichen Gegenden Frankreichs haben Enten- und Gänsefleisch noch immer einen festen Platz auf dem Speisezettel, und das als *confit* bekannte eingemachte Fleisch wird nach alten Rezepten von den Hausfrauen zumeist selbst zubereitet. *Confit* gehört zu jener Art von Speisen, die entstanden sind, weil es früher moderne Konservierungsmethoden noch nicht gab. Die Herstellung von *confit* lohnt sich aber auch heute noch, weil er einfach köstlich schmeckt. Das Fett von Gänsen und Enten wird im übrigen niemals weggeworfen, sondern zur Zubereitung aller möglichen Gerichte und für Rezepte mit Enten- oder Gänsefleisch verwendet.

ENTEN-CONFIT

In Frankreich nimmt man für *confit* gewöhnlich die Enten und Gänse, die zur Produktion von *foie gras* (Stopfleber) gemästet werden. Das Rezept läßt sich auch mit Kaninchen- oder Schweinefleisch zubereiten. Eine Ente wird in vier Portionen geteilt, eine Gans in acht, ein Kaninchen in fünf und anderes Fleisch in Stücke gleicher Größe. Die Ententeile oder das andere Fleisch in eine große flache Schüssel legen und mit grobem Meersalz einreiben. Das Fleisch an einigen Stellen einschneiden und mit Knoblauch spicken. Mit grob gemahlenem schwarzem Pfeffer, einigen zerkrümelten Lorbeerblättern, Thymian oder anderen Kräutern würzen und für bis zu 24 Stunden in den Kühlschrank stellen.

In der Zwischenzeit das Fett zerlassen: Bei einer Gans befinden sich in der Bauchhöhle zumeist größere Fettpolster, die vor dem Zerlegen und Einsalzen abgeschnitten und ausgelassen werden können; bei einer Ente ist die Fettmenge geringer. Im

Idealfall sollte es sich um Fett des verwendeten Tieres handeln, doch muß man das Eigenfett im allgemeinen mit Schweineschmalz ergänzen. (Verwenden Sie auf keinen Fall Pflanzenfett!) Die Ententeile abtupfen und dabei das Salz abreiben. Die Stücke dann nebeneinander in einen großen flachen Topf legen und vollständig mit dem zerlassenen Fett bedecken. Das Geflügel sehr langsam etwa 1½–2 Stunden garen; das Fett soll eine Temperatur von etwa 80 °C haben. Bei der Garprobe muß an der dicksten Stelle eines Schenkels klarer Saft austreten, wenn man mit einem Spießchen in das Fleisch sticht. (Damit sich das Fleisch gut hält, muß es unbedingt vollständig durchgegart sein.) Die Ententeile aus dem Topf nehmen und in ein großes sterilisiertes Einmachglas mit weiter Öffnung oder portionsweise in kleinere Gläser füllen.

Das Fett durch ein Sieb gießen und in einem sauberen Topf erhitzen, bis es nicht mehr brodelt und das gesamte Wasser verkocht ist. Das Fett etwas abkühlen lassen und dann über die Ententeile gießen, so daß sie vollständig davon bedeckt sind. Das Glas ein- oder zweimal vorsichtig aufklopfen, um Luftblasen zu beseitigen. Nach dem Abkühlen nötigenfalls weiteres Fett aufgießen und eine dünne Schicht Salz darüberstreuen. Das Glas sorgfältig verschließen. In der kalten, trockenen Speisekammer, im Keller oder im Kühlschrank aufbewahren.

Zum Servieren das eingemachte Entenfleisch langsam erhitzen und das Fett abgießen. Die Fleischstücke braten, bis die Haut knusprig ist, oder für Eintöpfe verwenden. Traditionell reicht man zu *confit* Bratkartoffeln, die mit Knoblauch in Entenfett gebraten werden. Benötigt man nur einen Teil des Entenfleisches, kann der Rest wieder mit Fett übergossen und zur späteren Verwendung aufbewahrt werden.

Dorothy Hartley beschreibt in ihrem Buch »Food in England« (Das Essen in England), wie im 16. Jahrhundert Hühnerfleisch für lange Schiffsreisen konserviert wurde. Man salzt das Geflügel, läßt es 24 Stunden stehen, brät es anschließend und läßt es gründlich abtropfen. Dann werden die Hühner in Töpfe gelegt und mit ihrem eigenen Fett übergossen, das man zuvor mit gesalzener Butter erhitzt, die kräftig mit Muskatblüte, Nelken, Muskatnuß und Lorbeerblättern gewürzt ist. Dorothy Hartleys Tante probierte dieses Rezept 1850 auf einer Afrikareise aus. Um Fleisch auf diese Weise haltbar zu machen, verwendete man häufig Holzbehälter, die wie flache Bierfässer aussahen. Sie wurden mit einem dichtschließenden Deckel versehen, so daß beim Abkühlen ein Vakuum entstand. Zusätzlich schützte dickes Segeltuch die Behälter während der langen Seereisen.

Inmitten traditioneller Steinguttöpfe, die man für
»rillettes«, »confits« und eingelegtes Obst und
Gemüse verwendete, steht ein modernes Glas mit
Enten-»Confit« (rechts).

SCHWEINEFLEISCH-RILLETTES

Bei *rillettes* handelt es sich um einen Brotaufstrich mit grober Struktur. Zur Zubereitung schneidet man 750 g mageres Schweinefleisch und 500 g Schweinebauch in Würfel und gibt sie zusammen mit 150 ml Wasser, 2 zerdrückten Knoblauchzehen, einem Thymianzweig, 2 TL Salz, 1/2 TL gemahlener Muskatblüte, einer Messerspitze Piment, schwarzem Pfeffer und einem Lorbeerblatt in einen schweren Topf. Alles zum Kochen bringen und anschließend im Backofen bei 150 °C (Gasherd Stufe 1) bis zu 5 Stunden garen. Zwischendurch umrühren und Wasser angießen, damit das Fleisch nicht anbrennt. Dann die Flüssigkeit abgießen und aufbewahren. Die Kräuter entfernen und das Fleisch mit zwei Gabeln zerpflücken. Etwas Fett von der abgekühlten Garflüssigkeit abnehmen und erhitzen und so

Einmachgläser mit Bügelverschlüssen sind ideal geeignet als Gefäße für eingemachtes Fleisch, wie »rilletes« und »confits« (links).

Kandierte Veilchen

Dies ist eine einfache moderne Herstellungsmethode für kandierte Veilchen. Einen Löffel pulverisiertes Gummiarabikum (in Apotheken erhältlich) in einem kleinen Schraubdeckelglas mit Rosenwasser bedecken und einige Tage stehenlassen, bis es sich aufgelöst hat. Violette und weiße Veilchen pflücken und mit einem feinen Pinsel sorgfältig das Gummiarabikum auf die Blüten streichen. Die Blüten mit Zucker bestreuen und auf einem Kuchengitter an einem warmen Platz trocknen lassen. Die kandierten Veilchen in einer luftdicht verschlossenen Dose aufbewahren und zum Verzieren von Süßspeisen und Kuchen verwenden.

viel unter das Fleisch rühren, daß eine weiche Paste entsteht. Die Masse dann in Gläser oder dekorative Steinguttöpfe füllen und mit Fett bedecken. Die *rillettes* in den Kühlschrank stellen und bis zu zwei Wochen durchziehen lassen, damit sich die Aromen vermischen.

In der Antike trugen die Griechen Kränze aus Veilchen, und die Römer machten Wein aus Blüten. Gärtner legten im Mittelalter Blumenwiesen mit weißen und violetten Veilchen an, und Napoleon ließ Josephines Grab über und über mit ihren Lieblingsblumen bepflanzen. Doch die hübschen Veilchen werden seit altersher auch in der Küche und als Heilpflanze verwendet. Angeblich halfen sie gegen Schlaflosigkeit, linderten Wut und waren gut für das Herz. In der Homöopathie findet das Wohlriechende Veilchen (*Viola tricolor*) immer noch Anwendung. Veilchen haben sich in bestimmten Epochen besonderer Beliebtheit erfreut, wie etwa im England des 19. Jahrhunderts, als praktisch jeder in den Straßen Londons ein Sträußchen der lieblich duftenden Blumen bei sich trug. Jedes Jahr wurden Tausende von Sträußchen aus Frankreich importiert, und England hatte seine eigene florierende Veilchenindustrie, insbesondere in Devon und Cornwall.

Veilchen kann man zum Auffrischen mit Wasser besprühen oder sogar untertauchen, da sie die Eigenart haben, Wasser über ihre Blüten und Blätter aufzunehmen (oben).

Mit Veilchen aromatisierte und mit kandierten Blüten verzierte Pralinen sind ein köstliches altmodisches Konfekt (links).

Veilchen verströmen einen zarten Duft. Die Blüten sind so klein, daß sie oftmals von den schönen herzförmigen Blättern verdeckt werden. Veilchenblüten wurden früher zum Dekorieren von Speisen und für Frühlingssalate verwendet, und man stellte daraus Sirups und alkoholische Getränke für den Winter her, die eine violette Farbe hatten, wenn man die Flüssigkeit nicht kochte. Auch Essig wurde mit Veilchen aromatisiert, und im 17. Jahrhundert waren Veilchenpaste und Veilchenzucker eine beliebte Zutat.

Seifen und Lotionen werden auch heute noch mit Veilchen parfümiert. Kleine Veilchenpastillen schätzt man in Frankreich, und eine der beliebtesten Pralinenfüllungen ist nach wie vor Veilchencreme. Parmaveilchen werden heute nur noch von einigen ambitionierten Hobbygärtnern kultiviert, doch früher wurden die stark duftenden gefüllten Blumen in den Gärtnereien als Schnittblumen und kleine Topfpflanzen gezogen. Sie sind recht empfindlich und schwer zu ziehen, belohnen aber all die Mühen mit ihrer Pracht.

Die Römer hatten eine Vorliebe für Fischaroma und würzten viele ihrer Gerichte mit *liquamen*, einer Fischsauce aus der fermentierten Flüssigkeit eingesalzener Fische, die im Römischen Reich in großen Mengen hergestellt wurde. Viele Länder haben noch heute ihre besonderen Fischsaucen und Tischwürzen, und über all die Jahre scheint es Rezepte gegeben zu haben, die eine Verbindung zwischen den Aromen auf Fischbasis, die von den Römern so geschätzt wurden, und der Vorliebe englischer Diningclubs im 19. Jahrhundert für Fisch-Ketchups und dergleichen schufen. Die kräftigen Fischsaucen und Ketchups dienten dazu, den eigentlichen Fischgeschmack eines Gerichts auf raffinierte Weise zu unterstreichen. Man betrachtete sie als Tischwürze und verfeinerte damit häufig auch Speisen, die keinen Fisch enthielten.

Mrs. Beeton führte sowohl Sardellen-Essenz wie auch Sardellen-Ketchup in einem bekannten englischen Kochbuch auf, das zahlreiche außergewöhnliche Würzsaucen mit herrlichen Namen beinhaltet. Dazu gehören *camp vinegar, benton sauce, carrack sauce, cherokee sauce*, die berühmte *harvey sauce, pontac ketchup* und *quin's sauce*. Viele dieser Saucen zeichnen sich durch feurige Zutaten und kräftige Aromen aus, die damals groß in Mode waren, als sich scharf gewürzte und mit Essig

AUSTERN-KETCHUP

▨ Diese aromatische Würzsauce sollte man auf Vorrat kochen, wenn Austern Saison haben und relativ preiswert sind.

12 lebendfrische Austern
50 g Sardellen in Öl, abgetropft
200 ml Weißwein
Saft und Schale von 1 unbehandelten Zitrone
1/2 TL gemahlene Muskatblüte
1/2 TL gemahlene Nelken
1 EL gehackte Schalotten

Die Austern öffnen und ihre Flüssigkeit auffangen. Austern, Flüssigkeit, Sardellen, Wein, Zitronenschale und -saft in einen Topf geben und 30 Minuten köcheln lassen. Die Schalotten und die Gewürze hinzufügen und alles 15 Minuten kochen. Die Flüssigkeit durch ein Mulltuch gießen und in saubere Flaschen füllen. Im heißen Wasserbad 15 Minuten bei 100 °C sterilisieren.

YORKSHIRE SAUCE

▨ Diese scharfe Sauce paßt ausgezeichnet zu kaltem Bratenfleisch. Am besten gelingt sie mit getrockneten Sardellen; leider sind diese nur schwer zu bekommen. Aber auch mit eingelegten Sardellen, die man abspült und trockentupft, erzielt man gute Ergebnisse.

2 Dosen Sardellen (je 50 g)
4 Knoblauchzehen, gehackt
4 Schalotten, gehackt
1 EL brauner Zucker
1 TL gemahlene Muskatblüte
1/2 TL gemahlener Piment
3 EL dunkle Sojasauce
1 TL Cayennepfeffer
1 l Malzessig (siehe S. 144)
2 EL Pilz-Ketchup (nach Belieben)

Alle Zutaten außer dem Essig einige Sekunden in der Küchenmaschine pürieren. In große Gläser füllen und den Essig unterrühren. Die Gläser verschließen und etwa einen Monat lang täglich durchschütteln. Die Sauce durch ein Mulltuch gießen und in Flaschen füllen.

zubereitete Rezepte allgemeiner Beliebtheit erfreuten. Sardellen-Essenz gibt es auch heute noch zu kaufen, und sie gehört eigentlich in jede Mayonnaise für Eier-Sandwiches. Man kann natürlich auch chinesische Austernsauce kaufen, aber selbstgemachte Würzsaucen schmecken besser und verleihen allen möglichen Alltagsgerichten eine pikante Note.

Frische Austern, die direkt aus dem Meer kommen, sind die Grundlage für eine köstliche Würzsauce (oben).

DUFTPELARGONIEN-MOUSSE

❖ Verwenden Sie Duftpelargonien, die nach Zitrusfrüchten oder Rosen duften.

1¹/₂ EL gemahlene Gelatine
8 Blätter von Duftpelargonien
6 EL Wasser
2 große Eier, getrennt
60 g Zucker
150 ml griechischer Schafmilchjoghurt
300 ml Frischkäse
150 ml Schlagsahne

Die Gelatine in 4 EL heißem Wasser auflösen. Die Pelargonienblätter mit 2 EL kochendem Wasser übergießen und abkühlen lassen. Das Eigelb mit dem Zucker schaumig schlagen und den Joghurt hinzufügen. Das Eiweiß zu steifem Schnee schlagen. Die Sahne schlagen. Die Gelatine zu der Eigelbmasse geben und Frischkäse, Sahne, das mit den Pelargonienblättern aromatisierte Wasser und den Eischnee unterziehen. Die Creme in eine mit kaltem Wasser ausgespülte Form geben und für einige Stunden kalt stellen. Aus der Form stürzen und mit kandierten Pelargonienblättern dekorieren.

In ländlichen Gegenden waren Duftpelargonien auf dem Fensterbrett früher ein gewohnter Anblick. Sie eignen sich gut als Zimmerpflanzen, benötigen aber viel Licht. Es gibt sie in vielen verschiedenen Duftrichtungen – von Balsam bis Rose und Eukalyptus bis Zitrone (oben).

Die schönsten Blätter zum Kandieren stammen von der hellgrünen Duftpelargonie ›Lady Plymouth‹. Gehen Sie dazu wie auf Seite 95 für Veilchen beschrieben vor (oben). Die kandierten Blätter sind eine hübsche Dekoration für Kuchen und Cremespeisen wie diese Mousse (rechts).

SPÄTFRÜHLING

»Über dem niedrigen, weichen Gras,
Das von Blumen übersät war,
Lag ein süßer, lieblicher Duft...«

WILLIAM CHAUCER
Die Legende von guten Weibern, um 1385

Die meisten von uns glauben, Duftpotpourris würden schon seit Jahrhunderten hergestellt. Wir wissen, daß Blumen und Kräuter früher auf den Fußboden gestreut wurden und viele andere nützliche Dienste im Haushalt leisteten. Wir stellen uns vor, daß im 16. Jahrhundert in den Häusern riesige Schalen mit lieblich duftenden Pflanzenmischungen auf den polierten Eichenmöbeln standen, aber in Wirklichkeit ging man mit sol-chen Duftmischungen weitaus diskreter und praktischer um. Getrocknete Kräuter und Blumen wurden im allgemeinen zu feinem Pulver gemahlen, das man in kleine Stoffsäckchen füllte, die dann in Kleiderschränke gehängt oder zwischen die Wäsche gelegt wurden.

Rezepte für feuchte Potpourris, die ganze Blumen und Blütenblätter enthielten, kamen gegen Ende des 18. Jahrhunderts auf, und zu dieser Zeit wurden auch die ersten dekorativen Potpourri-Behälter hergestellt. Duftsäckchen mit pulverisierten Zutaten dienten ursprünglich als Insektenschutz gegen Kleidermotten, Käfer und Wanzen, die sich in Textilien und Fellen oder an den Wänden und auf den Fußböden der Häuser einnisteten.

Beim Herstellen eines Duftpulvers müssen die
Gewürze fein zermahlen werden (oben).

Die Gebäude waren damals selbstverständlich weniger gut belüftet und beheizt als heute, und so wurden Wäsche und Kleider rasch moderig und rochen muffig, wenn man sie nicht sorgfältig aufbewahrte.

Selbst in den vornehmsten Häusern mußte man stets Angst vor Flöhen, Läusen und Bettwanzen haben, und die einzige Möglichkeit, solche Plagegeister zu vertreiben, war der Einsatz natürlicher Bekämpfungsmittel, wie der von Kräutern, anderen Pflanzen und Gewürzen. Bestimmte Kräuter erwiesen sich als wirksam gegen Ungeziefer, und andere Pflanzen sorgten für angenehme Gerüche. Im Mittelalter waren Duftpflanzen im Garten und im Haus von größter Bedeutung, um all den üblen Gerüchen entgegenzuwirken, die durch die unzureichenden sanitären Einrichtungen, die mangelhafte Belüftung, die qualmenden Feuerstellen, die in enger Nachbarschaft mit den Menschen lebenden Tiere, das Fehlen von fließendem Wasser und Putzmitteln hervorgerufen wurden. Wohlgerüche galten als der Atem Gottes und waren daher heilig. Man glaubte zu dieser Zeit und während der folgenden Jahrhunderte, Krankheiten seien auch eine Folge schlechter Gerüche und ließen sich durch liebliche Düfte kurieren. Im 16. Jahrhundert führte Thomas Tusser in seinem Buch »One Hundred Points of Good Husbandry« (Hundert Ratschläge für sparsames Wirtschaften) einundzwanzig verschiedene Pflanzen auf, die man damals auf die Fußböden streute. Viele der aromatischen Kräuter, die in dieser Aufzählung enthalten sind, wurden später als Zutaten für Potpourris und pulverisierte Duftmischungen verwendet.

Damit die flüchtigen Duftstoffe der Blüten und Blätter möglichst lange erhalten blieben, benutzte man eine Reihe von Fixiermitteln. Manche dieser Fixateure hatten einen ausgeprägten Eigengeruch, andere wiederum nicht, aber viele waren exotisch und teuer. Moschus wurde aus dem Drüsensekret von Moschushirschen gewonnen, Ambra aus einer Absonderung der Pottwale und Zibet aus den Duftdrüsen der Zibetkatzen. Zu den Fixateuren auf Pflanzenbasis gehörte Ladanum, ein Harz, das von dem Strauch einer Zistrosenart *(Cistus ladanifer)* stammt, der in Südwesteuropa heimisch ist.

Außerdem kannte man Styrax, das Harz von Amberbäumen, das noch immer in der Parfümindustrie eingesetzt wird, sowie Veilchenwurzelpulver, ein Fixiermittel, das heute preiswert und problemlos in Apotheken erhältlich ist. Es handelt sich dabei nicht, wie der volkstümliche Name vermuten läßt, um ein Produkt aus Veilchenwurzeln, sondern um die gemahlenen Wurzeln einer weißblühenden Schwertlilie *(Iris germanica* var. *florentina)*. Das Pulver hat einen leichten Veilchengeruch, sorgt aber vor allem dafür, daß andere Düfte nicht so rasch verfliegen. Benzoeharz, das von dem Benzoe-Storax-Baum *(Styrax benzoin)* gewonnen wird, ist ebenfalls mühelos erhältlich; es wird gewöhnlich in kleinen harten Brocken verkauft, die in einem Mörser zerstoßen werden müssen.

DUFTPULVER

▨ Stellen Sie diese Duftmischung in größeren Mengen her, und füllen Sie das Pulver in kleine Stoffsäckchen. Sie können das Rezept je nach vorhandenen Zutaten abwandeln und ein Maß verwenden, das Ihren Bedürfnissen entspricht.

8 Maß zerstoßene Koriandersamen
8 Maß Veilchenwurzelpulver
1 Maß gemahlener Zimt
1 Maß gemahlene Muskatnuß
1 Maß gemahlene Gewürznelken
¹/₂ Maß Zucker
3 Maß Lavendelblüten

Die Zutaten in einer Schüssel gründlich miteinander vermischen und dann in die vorbereiteten Stoffsäckchen füllen. Sie können zusätzlich auch einen kleinen Wattebausch mit hineingeben, auf den Sie zuvor einige Tropfen ätherisches Öl geträufelt haben, wie etwa Rosen-, Geranium-, Rosmarin- oder Zitrusöl.

Duftsäckchen, die man zwischen Wäsche legt,
erfüllen den Schrank mit einem exotischen
Wohlgeruch (oben).

Im späten Frühjahr treiben Thymian, Salbei und andere für den Küchengarten und das Kräuterbeet im Gewächshaus oder auf dem Fensterbrett aus Samen selbstgezogene Pflanzen bereits kräftig aus, und mit etwas Glück steht in milden Klimazonen der Rosmarin seit Wochen in voller Blüte. Minze und Schnittlauch sprießen, und man kann endlich wieder nach Herzenslust frische Blattsalate und Gemüsegerichte zubereiten und sie großzügig mit leuchtendgrünen Kräutern wie Kerbel, Basilikum und Petersilie bestreuen. Einjährige Kräuter, die nicht unter Glas vorgezogen wurden, lassen sich erst etwas später ernten, doch heutzutage bekommt man fast das ganze Jahr über frische Kräuter zu kaufen.

Zumeist ist es nicht ratsam, Kräuter aus dem eigenen Garten zu trocknen oder getrocknete Kräuter zu kaufen, da fast alle ihr Aroma dabei einbüßen. Zu den wenigen Ausnahmen gehören getrocknete Lorbeerblätter, eventuell Thymian und einige der mediterranen Kräutermischungen, die nach sonnenverbrannter Erde riechen und zum Würzen von Grillgerichten und Suppen verwendet werden können. Einen allzu reichlichen Gebrauch von getrockneten Kräutern sollte man jedoch vermeiden, und in neun von zehn Fällen nimmt man besser gar keine Kräuter als alte getrocknete.

Der erste Arbeitsschritt bei der Herstellung einer Kräuterpaste ist das Zerstoßen der Kräuter im Mörser (oben).

Frische Kräuter müssen unverzüglich verwendet werden, und es gibt nur wenige Möglichkeiten, sie für längere Zeit aufzubewahren. Wenn im Garten plötzlich eine bestimmte Kräuterart im Überfluß wächst, sollte man versuchen, einen Teil davon einzufrieren oder vielleicht scharf gewürzte Fruchtgelees kochen, die größere Mengen des betreffenden Küchenkrauts enthalten. Eine weitere Möglichkeit sind Kräuterpasten, die einige Zeit haltbar sind, wenn man sie mit Öl bedeckt und im Kühlschrank oder an einem anderen kühlen Ort aufbewahrt. Darüber hinaus kann man mit frischen Kräutern auch Senf verfeinern oder Kräutersaucen zubereiten, wie etwa Pesto.

Viele Hausfrauen und Köche nehmen frische Kräuter zum Aromatisieren von Essig und Öl, was sich als eine ausgezeichnete Methode erwiesen hat, um den Duft und das Aroma frischer Kräuter zu bewahren. Selbst einfache und eher fade Pflanzenöle gewinnen erheblich an Geschmack, wenn man sie mit einer Handvoll Salbei, Basilikum oder Thymian ansetzt. Will man das Öl für Salatsaucen verwenden, sollte man sich für Olivenöl entscheiden. Kräuteressig ist ebenfalls nützlich, doch braucht man ihn immer nur in kleinen Mengen. Als Grundlage eignet sich ein eher milder Wein- oder Apfelessig am besten. Als Kräuter bieten sich vor allem Estragon und Rosmarin an. Wer wirklich kreativ sein möchte, kann sein Glück auch mit Kräutermischungen versuchen und zusätzlich Knoblauch, Pfefferkörner, Chillies, Zitronenschale oder andere Aromazutaten hinzufügen und den Essig zum Verfeinern von Salaten und anderen Speisen verwenden.

Das Herstellen von Kräuteressig und -öl ist sehr einfach. Man gibt dazu eine Handvoll frische Kräuter in eine saubere Flasche oder ein Schraubdeckelglas, gießt Essig oder Öl zu und verschließt das Gefäß sorgfältig. Anschließend läßt man es für einige Zeit auf der Fensterbank oder an einem nicht zu kühlen Ort stehen und schüttelt die Flüssigkeit täglich kräftig durch. Das aromatisierte Öl oder der Essig wird dann durch ein Sieb gegossen und zum Aufbewahren in saubere Flaschen abgefüllt. Die Flaschen werden mit Korken verschlossen und an einen dunklen, kühlen Ort gestellt.

Kräuterpasten lassen sich einfach im Mixer zubereiten oder von Hand mit Mörser und Stößel herstellen. Dazu werden gehackte frische Kräuter püriert oder zerrieben und mit Öl zu einer dicken Paste verrührt. Die Kräuterpaste in kleine Gläser füllen und vollständig mit Öl bedecken. Die Gläser verschließen und im Kühlschrank oder der kalten Speisekammer aufbewahren. Die Paste in kleinen Mengen zum Verfeinern von Dressings, Saucen und Suppen nehmen. Man kann die Kräuterpasten mit Salz, Pfeffer und etwas Zitronensaft würzen oder aber so belassen, wie sie sind.

Verschiedene Gartenkräuter in den unterschied-lichsten Grün- und Violetttönen (links).

Es ist sehr einfach und überaus befriedigend, seine eigenen Teemischungen zusammenzustellen. Man nimmt dazu einen Basistee und fügt Blüten oder andere Aromazutaten hinzu. Ob man nun einen leichten chinesischen oder einen kräftigeren indischen Tee wählt, hängt vom persönlichen Geschmack ab, doch da aromatisierte Tees gewöhnlich ohne Milch getrunken werden, entscheidet man sich wohl am besten für einen chinesischen Tee wie Oolong.

AROMATISIERTER TEE

Zwei klassische Teemischungen mit wohlriechenden Blüten sind Jasmin- und Rosenblütentee, die sich beide problemlos selbst herstellen lassen und weitaus besser schmecken als fertig gekaufte Mischungen. Für einen Tee mit Rosenduft braucht man getrocknete rote oder rosarote Blütenblätter, die von einer intensiv duftenden Rosensorte stammen und ihren Duft auch nach dem Trocknen bewahren.

Die Essigrose (*Rosa gallica* ›Officinalis‹) ist eine solche Rose, sie wird auch zur Herstellung von Rosenöl und Rosenparfüm verwendet; eine geeignete dunkelrote Rose ist beispielsweise die moderne Kletterrose *Rosa* ›Guinée‹. Die kleinen Blüten des Jasmins verlieren beim Trocknen zwar ihre frische weiße Farbe, bewahren aber ihren kräftigen, exotischen Duft, und zum Aromatisieren einer kleinen Menge Tee sind nur wenige Blüten erforderlich. Das Mengenverhältnis von Blüten zu Tee kann man nach eigenem Geschmack variieren, doch ist im allgemeinen ein Eßlöffel Blütenblätter oder Blütenköpfe die richtige Menge für 100 g schwarzen Tee.

Andere Aromazutaten, die man ausprobieren kann, sind getrocknete Schalenstücke von Zitronen, Orangen oder Limetten, für die man die dünn abgeschnittene Zitrusschale einige Tage an einem warmen Ort trocknen läßt. Anschließend wird sie in kleine Stücke geschnitten oder gehackt, damit sie sich besser mit dem Tee vermischt. Orangenblütentee hat ein wundervolles Aroma, doch wenn man nicht selbst einen Orangenbaum besitzt, der die erforderlichen Blüten liefert, läßt er sich nur schwer herstellen.

Andere geeignete Blüten sind Veilchen, die einen kaum zu beschreibenden, aber betörenden Duft haben. Für 100 g Tee sollte man etwa zwei Eßlöffel Veilchenblüten nehmen. In den Sommermonaten kann man beim Aufbrühen von normalem schwarzem Tee auch eine Handvoll frische Blütenblätter oder Kräuter aus dem Garten hinzufügen und sich an ihrem herrlichen Aroma erfreuen.

Kleine Päckchen mit duftenden Teemischungen kann man in Dosen aufbewahren oder an Freunde verschenken (Seite 104/105).

Molkereiprodukte sind von Natur aus nicht einfach zu konservieren. Käse wurde erfunden, um Milch über einen längeren Zeitraum haltbar zu machen, indem man den Wassergehalt reduzierte und den Käsebruch in handliche Formen preßte. Durch das Hinzufügen von Bakterienkulturen erzielte man von jeher besondere Geschmacksnoten, die jedem Käse seinen typischen Charakter verleihen, oder ein bestimmtes Gefüge, und selbst durch unterschiedliche Reifemethoden oder Überzüge der fertigen Käselaibe ließen sich Tausende verschiedener Sorten produzieren, die alle auf die gleiche bescheidene, aber köstliche Grundsubstanz zurückgehen – Milch.

Käse wird aus der Milch verschiedener Tiere hergestellt, darunter Kühe, Büffel, Schafe, Ziegen und sogar Rentiere. Nach dem Trennen von Käsebruch und Molke für einen harten, lange haltbaren Käse und dem anschließenden Pressen und Formen sind nur wenige andere Arbeitsschritte erforderlich. Eine wichtige Rolle spielen die Qualität und die Zusammensetzung der verwendeten Milch, wobei auch ausschlaggebend ist, ob es sich um Morgen- oder Abendmilch, oder eine Mischung aus beidem handelt. Manche Käse haben zu bestimmten Jahreszeiten, etwa wenn die Tiere auf der Weide bestimmte Pflanzen fressen, einen besonders ausgeprägten Geschmack. Die Größe und die Form eines Käses und die Art der Lagerung können ebenfalls den Geschmack und das Gefüge beeinflussen. Traditionelle Käsesorten werden alle mehr oder weniger nach dem gleichen Verfahren hergestellt, aber die verschiedenen regionalen Rinderrassen und die jeweiligen Weidebedingungen bestimmen den Geschmack und den Charakter der einzelnen Käsesorten. Traditionelle Hartkäse halten sich gut und erfordern eine lange Reifezeit, um ihr Aroma zu entwickeln.

Sauer gewordene Milch wurde früher niemals weggeworfen; in den Haushalten war es üblich, daraus Frisch- und Weichkäse herzustellen. Die größeren Käse wurden in der Regel in kleinen Molkereien auf Bauernhöfen produziert. Wegen der erforderlichen Hygiene und Sauberkeit wurde der Käse gewöhnlich nicht in der Vorratskammer hergestellt, sondern in einem gesonderten Raum, der ausschließlich diesem Zweck vorbehalten war. In großen Haushalten und auf Gutshöfen spielten Molkereierzeugnisse eine wesentliche Rolle, und gute Milchmägde waren sehr geschätzt, da ihre Arbeit viel Können erforderte. Im Gegensatz zu anderen Bediensteten, die vielfältige Aufgaben im Haus zu erfüllen hatten, beschränkte sich ihre Arbeit allein auf die Herstellung von Molkereiprodukten. Die Oberflächen in der Molkerei mußten aus Holz oder Stein bestehen, sehr sauber sein und sich nach getaner Arbeit mit kochendem Wasser reinigen lassen.

Regionaltypischer Käse erfreut sich heute wieder wachsender Beliebtheit, auch die Herstellung von Käse aus Schaf- und Ziegenmilch im kleinen Stil hat zur Freude vieler Gourmets in letzter Zeit stark zugenommen.

ZIEGENKÄSE
IN KRÄUTERÖL

Das Kräuteröl reicht zum Einlegen von etwa vier kleinen Ziegenkäsen. Man kann dazu auch Scheiben eines festen Rollenkäses aus Ziegenmilch nehmen. Das Kräuteröl läßt sich für weitere Käse wiederverwenden.

600 ml Olivenöl
2 Knoblauchzehen
1 Zweig frischer Rosmarin
1 Zweig frischer Thymian
1 Zweig frischer Majoran
2 frische Lorbeerblätter
1 TL gemischte Pfefferkörner (grüne, rote
  und schwarze)
1 TL Koriandersamen
1 kleine getrocknete rote Chilischote
1 TL Pimentkörner
1 TL Selleriesamen

Das Öl zusammen mit den übrigen Zutaten in ein weithalsiges Glas mit Kork- oder Bügelverschluß geben. Die Ziegenkäse hineinlegen und darauf achten, daß alle ausreichend mit Öl bedeckt sind. Vor dem Verzehr einige Tage durchziehen lassen.

Ziegenkäse sind gewöhnlich klein, und viele Sorten kann man entweder essen, wenn sie sehr jung und frisch sind, oder man läßt sie reifen, damit sie fest werden und sich eine Rinde bildet. Solche reiferen Ziegenkäse lassen sich gut aufbewahren, wenn man sie in Kräuteröl einlegt. Die kleinen Käse können dann kurz gegrillt und als Vorspeise oder zu knackigen grünen Salaten serviert werden. Olivenöl hat den besten Geschmack, die Auswahl der Aromazutaten bleibt jedem selbst überlassen. Kräuter sollte man selbstverständlich hinzufügen und Knoblauch, Pfeffer (aber kein Salz), andere Gewürze und eventuell auch scharfe Chillies. Die Käse müssen vollständig im Öl liegen, damit sie nicht austrocknen, und man kann auch nur ein oder zwei davon aus dem Glas holen und den Rest weiter im Öl liegenlassen. Das Glas muß nicht im Kühlschrank stehen, sollte aber an einem kühlen, dunklen Ort, wie etwa einer altmodischen Speisekammer, aufbewahrt werden.

Französischer Crottin eignet sich ausgezeichnet zum Einlegen in Öl (links).

Nehmen Sie frische Kräuter, denn sie sehen nicht nur hübscher aus, sondern schmecken auch weitaus besser als getrocknete (unten).

Das erfolgreiche Konservieren von Nahrungsmitteln ist von jeher eine Frage von sauberen, stabilen Gefäßen, dichten Verschlüssen und richtiger Lagerung. Die Materialien haben sich seit den Zeiten, in denen man die Lebensmittel in Holzfässern mit darübergespannten Tierblasen aufbewahrte, verändert, aber die Konservierungsmethoden sind weitgehend die gleichen geblieben und haben sich kaum verbessert. In vielen Fällen ist es wichtig, daß keine Luft an die Nahrungsmittel gelangt, die durch Bakterien und Hefepilze, die sich in der Luft befinden, rasch verderben würden. Heute gibt es spezielle Einmachgläser mit Gummiringen und Schraubdeckel- oder Bügelverschlüssen. Sie funktionieren nach dem Prinzip, daß sich die Luft unter dem Deckel im heißen Zustand ausdehnt und beim Abkühlen ein Vakuum entsteht, das den Deckel fest nach unten zieht und mit Hilfe des Gummirings an seinem Platz hält, bis das Glas geöffnet wird. Eingemachtes Obst und Gemüse muß in solche Gläser gefüllt werden, bei Marmeladen und anderen stark gezuckerten Konserven genügt es gewöhnlich, sie mit einem Stück Cellophan zu verschließen.

Im Handel werden Packungen angeboten, die alles enthalten, was man zum Verschließen von Marmeladengläsern braucht; man bekommt die verschiedenen Utensilien aber auch einzeln zu kaufen. Benötigt werden kleine runde Stücke Wachspapier, die man unmittelbar nach dem Einfüllen auf die heiße Marmelade legt, und größere Cellophanstücke, die angefeuchtet über das Glas gezogen und mit einem Gummiring gehalten werden. Wenn das Cellophan trocknet, zieht es sich zusammen und bildet einen dichten Verschluß.

Pickles und Chutneys trocknen in offenen Gläsern rasch aus, da der Essig verdunstet. Aufgrund der konservierenden Eigenschaften von Essig und Zucker verderben oder schimmeln sie zwar normalerweise nicht, doch sollten die Behälter dennoch möglichst luftdicht verschlossen werden. Cellophan reicht in

Legen Sie sich einen Vorrat an Papier und
Cellophan zum Verschließen Ihrer Einmachgläser
an. Er kann in einer Küchenschublade oder in
einer Aktenmappe aufbewahrt werden (oben).

Gläser versiegeln

Flaschen und Gläser mit Korkverschlüssen lassen sich mit Siegellack luftdicht verschließen. Gewöhnlicher Siegellack reicht zwar aus, doch wenn Sie die folgenden Zutaten bekommen können, sollten Sie dieses alte Rezept für ein ausgezeichnetes Mittel zum Versiegeln von Deckeln und Korken ausprobieren.

In einem alten Topf 100 g Siegellack, die gleiche Menge schwarzes Harz und ein walnußgroßes Stück Bienenwachs schmelzen. Die Mischung schäumt sehr stark und sollte daher mit einer Talgkerze umgerührt werden. Die Korkverschlüsse sorgfältig damit bestreichen.

diesem Fall nicht aus, und Metall rostet, wenn es mit der Säure des Essigs in Kontakt kommt. Man sollte daher Gläser mit Bügelverschlüssen oder Kunststoffdeckeln nehmen oder Paraffin schmelzen und den Zwischenraum zwischen dem Einmachgut und dem Deckel damit ausfüllen. Paraffin kann man zum Versiegeln aller möglichen Konserven verwenden, aber die Wachsschicht muß immer bis zum Rand des Glases reichen und den Inhalt vollständig bedecken. Man gießt das heiße Paraffin auf Wachspapier, das auf dem Einmachgut liegt, und füllt es bis zum oberen Rand auf.

Neben praktischen Gesichtspunkten spielen beim Verschließen von Töpfen und Gläsern oftmals auch ästhetische Überlegungen eine Rolle. Alte, schwere Gläser, die aufgereiht in den Regalen stehen, wirken dekorativ, und ein Verschluß aus Cellophan oder braunem Wachspapier sieht weitaus hübscher aus als ein Plastikdeckel. Ein alter Trick, um der Schimmelbildung auf Marmeladen und Gelees entgegenzuwirken, ist es, die Oberfläche mit Weinbrand zu bestreichen oder die runden Wachspapierstücke in Weinbrand zu tauchen, bevor man sie auf die

heiße Marmelade legt. Manche Leute scheinen niemals Probleme mit der Haltbarkeit ihrer Marmeladen zu haben, bei anderen bildet sich immer ein Schimmelteppich – ganz gleich, wie sorgfältig sie auch vorgehen. Um dies zu verhindern, sollte man die kochendheiße Marmelade immer mit Wachspapier bedecken und das Glas dann entweder sofort verschließen oder aber warten, bis die Gefäße vollständig abgekühlt sind. Das Verschließen in lauwarmem Zustand ist oftmals der Grund für schlechte Haltbarkeit. Feuchte Lagerbedingungen gehören ebenfalls zu den Hauptursachen von Schimmelbildung, und auch die Verwendung überreifer Früchte kann dies begünstigen. Selbstverständlich müssen die Gläser zuvor stets etwa zehn Minuten in kochendem Wasser sterilisiert werden.

Einfaches Packpapier, Pappschildchen und Schnur eignen sich noch immer am besten zum Abdecken und Einpacken von Töpfen und Gläsern mit Eingemachtem (oben).

SOMMER

osen zieren die Blumen-
beete, Gemüse sprießt
im Küchengarten, und
die Düfte des Sommers
erfüllen das Haus. All
dies gilt es einzufangen,
um sich das ganze Jahr
hindurch daran erfreuen zu können. Im
Sommer entfalten die Blumen im Garten
ihre Pracht, und in dieser Zeit verarbeitet
man das allzu vergängliche Beerenobst. Da
die Mahlzeiten an den heißen Sommertagen
einfacher ausfallen und weniger Mühe
machen, sollte man die zusätzliche Zeit
nutzen und kulinarische Schätze für die
kargeren Monate des Jahres einlagern.

*Ein Kohlblatt hat beim Pflücken der ersten
reifen Himbeeren als Körbchen gedient. Früher
wurden Früchte häufig in einem Blatt
auf den Tisch gelegt – ein praktisches und
ästhetisches Behältnis.*

FRÜHSOMMER

*»Süß wie scharlachrote Erdbeeren unter nassen
Blättern verborgen,
Lieblich wie die Damaszenerrose, großzügig
wie der Mond,
Vergessene Dinge, verbotene Zuversicht in
sanftes Licht getaucht –
Das ist der Juni.«*

NORA CHESSON

Nun ist die richtige Zeit, Kräuter und wohlriechende Blätter zu sammeln und für Kräuterkissen und Duftsäckchen zu trocknen. Das starke Wachstum der Pflanzen im Frühsommer bringt vor allem Blätter hervor – die Blüten lassen zumeist noch einige Zeit auf sich warten. Das Laub der Weinrose *(Rosa rubiginosa)*, die auch Schottische Zaunrose heißt, hat einen herrlichen Duft, der an grüne Äpfel erinnert und besonders intensiv ist, wenn die Rose in einem umgrenzten Bereich wächst, wo ihr Duft sich nicht so leicht verflüchtigt. An warmen, feuchten Tagen oder nach einem sommerlichen Regenschauer entfaltet sich ihr Duft besonders schön. Mit ihren kleinen ungefüllten hellrosa Blüten ähnelt sie im Aussehen einer wilden Hundsrose. Ihre leuchtendgrünen Blätter sollten rasch gepflückt und getrocknet werden, damit sie ihren zauberhaften Duft bewahren. Die Weinrose ist eine Pflanze, die häufig in der Literatur auftaucht. Geoffrey Chaucer (englischer Dichter, der im 14. Jahrhundert lebte), und William Shakespeare erwähnen sie oft, und Thomas Hyll rät in seinem Gartenbuch »The Gardener's Labyrinth« (Das Labyrinth des Gärtners) von 1577, eine Dufthecke »entweder nur aus Liguster oder aus Weinrosen und Weißdorn mit ein, zwei oder drei dazwischengesetzten anderen Rosenstöcken« anzulegen.

Eine andere beliebte Duftpflanze ist der Waldmeister *(Galium odoratum)*, den man im Mittelalter auf den Fußboden streute und an Festtagen zum Schmücken von Kirchen verwendete. Auch in der Naturheilkunde hat der Waldmeister eine wichtige Bedeutung. Er wirkt harntreibend und wird daher bei Leber- und Gallenleiden empfohlen, und wegen seiner beruhigenden Wirkung nimmt man ihn bei nervösen Beschwerden. Frischer Waldmeister hat keinen ausgeprägten Geruch, doch seine Blätter entwickeln im getrockneten Zustand einen wundervollen Duft. Sie enthalten die Substanz Kumarin, die auch dem Heu von Wildblumenwiesen seinen herrlichen Geruch verleiht. In der Vergangenheit wurden Waldmeisterblätter zum Parfümieren von Wäsche und Hautlotionen verwendet, zwischen Buchseiten gelegt und sogar in Taschenuhren gelegt, damit man beim Ablesen der Zeit daran riechen konnte.

Auch die Blätter von Duftpelargonien, Zitronenstrauch *(Aloysia triphylla)* und Minze oder Mischungen aus Kräutern oder Blütenblättern und Kräutern lassen sich getrocknet für Duftsäckchen und -kissen verwenden. Man pflückt die Kräuter, Blüten und Pflanzen an einem trockenen Tag und zupft die Blätter von den Stengeln. Zum Trocknen verteilt man die Blätter in einem flachen Korb und stellt sie an einen warmen, aber luftigen Ort. An sonnigen Tagen trocknen sie auch rasch, wenn man sie an einer windgeschützten Stelle in den Garten oder das Gewächshaus stellt. In jedem Fall sollte das Trocknen schnell vonstatten gehen, damit der Duft und die Farbe möglichst gut erhalten bleiben. Man kann auch die ganzen Stengel zu Sträußen zusammenbinden und zum Trocknen kopfüber an einen trockenen, luftigen Ort hängen.

Die zerkrümelten getrockneten Blätter lassen sich entweder direkt in die Duftkissen füllen, oder man stopft den Überzug zunächst mit Kapok (baumwollähnliches Samenhaar des afrikanischen Kapokbaums) oder einem anderen Polstermaterial

*Blau-weiß gestreifter und karierter Stoff für die
Bezüge liegt auf einer Bank vor dem Waldmeister,
der getrocknet und später in die Duftkissen
gefüllt werden soll (oben).*

*Die fertigen Duftkissen mit Streifen- und
Karomuster lassen sich hervorragend mit antiken
weißen Kopfkissen kombinieren (rechts).*

aus und steckt dann ein kleines Säckchen mit Kräutern hinein. Dies hat den Vorteil, daß sich die Kräuter einfacher erneuern lassen, wenn ihr Duft verflogen ist. Muß der Bezug häufig zum Waschen abgezogen werden, sollte man das eigentliche Kräuterkissen mit einer zusätzlichen Stoffhülle versehen.

Duftkissen können natürlich auch mit selbstgemachten Potpourris gefüllt werden, oder man nimmt ätherische Öle von Blumen und Kräutern, tropft sie sparsam auf Wattebäusche und mischt diese dann unter die Kissenfüllung. Andere geeignete Duftstoffe sind Zedernholz- und Sandelholzspäne, die mit ihrem herben Geruch Insekten vertreiben.

Der für die Duftsäckchen oder Kräuterkissen verwendete Stoff sollte möglichst eine natürliche Affinität zum Inhalt haben. Streifen und Karos in frischen Farben scheinen das Richtige für kräftige, unverfälschte Blattmischungen zu sein, während florale Muster und feinere Stoffe besser mit Blumendüften harmonieren. Wenn die Blätter oder Duftpflanzen stachelig oder staubfein sind, muß der Stoff ein dichtes Gewebe haben. Der Außenbezug läßt sich dagegen aus jedem beliebigen Stoff anfertigen. Für Waldmeister und viele andere Blätter sind Baumwollbatist, Musselin und preiswertes Küchenleinen ausgezeichnet als Material für die Stoffsäckchen geeignet.

Heute, wo wir das ganze Jahr Erdbeeren essen können, wissen wir ihren einzigartigen Geschmack eigentlich gar nicht mehr richtig zu würdigen. Aber man stelle sich vor, wie es war, als es Erdbeeren nur für kurze Zeit im Frühsommer gab – das erste Beerenobst des Jahres, oftmals liebevoll gepflegt und mit einer Glasglocke abgedeckt, um die Früchte ein oder zwei Wochen früher als üblich zur Reife zu bringen. Zur Zeit von William Cobbett (englischer Politiker und Schriftsteller; 1762–1835) kannte man eine Unmenge an Erdbeersorten. Ihre Namen klingen für uns fremd und wundervoll, denn heute beschränkt sich die Auswahl auf einige wenige Sorten mit übergroßen, wäßrigen Früchten. Da Erdbeeren überaus empfindlich sind, hat man neue Sorten gezüchtet, die sich zwar besser halten, aber nur wenig Aroma haben. Cobbett führte 1829 in seinem »English Gardener« (Der englische Gärtner) folgende Erdbeersorten auf: ›Kew Pine‹, ›Chili‹, ›White Alpine‹, ›Red Alpine‹, ›Keen's Seedling‹ und ›Hautbois‹.

Das Herstellen einer Erdbeerkonfitüre ist nicht ganz einfach, denn man braucht frische, reife Früchte, die viel Sonne bekommen haben. Bei kalter, feuchter Witterung werden die Früchte wäßrig, haben kein Aroma und nur sehr wenig Pektin. Erdbeeren enthalten von Natur aus nur geringe Mengen an Pektin, das zum Gelieren der Konfitüre nötig ist, und werden daher oftmals allzu lange gekocht und verlieren dann ihr frisches Aroma. Es empfiehlt sich deshalb, zusätzliches Pektin hinzuzufügen, entweder industriell gefertigtes oder von anderen Früchten, wie etwa roten Johannisbeeren. Trotz all dieser Schwierigkeiten sollte man jedoch nicht aufgeben, denn eine feine Erdbeerkonfitüre gehört noch immer zu einem guten Frühstück und zu luftigen Biskuitkuchen. Es gibt viele alte Rezepte für Erdbeerkonfitüre, bei der die ganzen Früchte in einem klaren, scharlachroten Gelee schwimmen.

Wer einen Garten besitzt, sollte einige rote oder gelbe Walderdbeeren *(Fragaria vesca* var. *monophylla)* pflanzen, die nur sehr wenig Platz beanspruchen. Walderdbeeren haben ein unvergleichliches Aroma, und da sie aus irgendwelchen Gründen nur selten von Vögeln gefressen werden, ist ihr Anbau lohnenswerter als der von Gartenerdbeeren mit großen Früchten. Von den früh im Jahr ausgesäten Pflanzen kann man noch im selben Jahr Früchte ernten. Walderdbeeren ergeben eine köstliche Konfitüre, wenn man genügend Früchte hat, sind aber auch köstlich, wenn man täglich nur ein paar pflücken kann und sie frisch über ein Müsli oder einen Pudding streut.

Aus Erdbeeren läßt sich nicht nur Konfitüre, Kompott oder Pudding machen, sondern man kann sie auch zur Hautpflege verwenden. Gute Dienste leisten sie zudem als Zahnputzmittel, das Plaque entfernt und für einen frischen Atem und weiße Zähne sorgt. Eine Mischung aus Milch und Erdbeeren, die man gründlich im Mixer verrührt und im Kühlschrank aufbewahren kann, wirkt belebend und glättet die Haut, wenn man sie behutsam auf das Gesicht tupft, kurze Zeit einwirken läßt und anschließend mit kaltem Wasser abwäscht. Für eine schnelle, belebende Gesichtspackung zerdrückt man einfach mit der Gabel einige reife Erdbeeren, verteilt sie auf dem Gesicht und legt sich zur Entspannung einige Minuten hin. Da auch das Erdbeerpüree den Gesetzen der Schwerkraft gehorcht, sollte man eine solche Gesichtspackung allerdings nur auftragen, wenn man beispielsweise ein Bad nehmen will und nicht gerade, wenn man auf dem besten Teppich liegt.

Erdbeeren müssen nach dem Pflücken so bald wie möglich gegessen werden. Wasser bekommt ihnen überhaupt nicht, denn sie werden dann matschig und verlieren ihr Aroma. Diese Erdbeeren warten an ihrem kühlen Platz darauf, zu Konfitüre verarbeitet zu werden (links).

Sommererdbeeren sind eine Wohltat für die Haut und für den Magen. Seit Jahrhunderten werden diese köstlichen Früchte sowohl für kulinarische wie auch für kosmetische Zwecke verwendet (oben).

Stachelbeeren wurden früher in der Pfingstzeit gegessen. Sie gehörten zu den ersten frischen Früchten der Saison, die es in ausreichend großen Mengen gab, um sie einzukochen und zu konservieren. Seit Jahrhunderten ißt man sie in Saucen zu gehaltvollen, fetten Speisen, wie Makrele oder Gans, und stellt daraus Kompott, Gelee und Konfitüre her.

Stachelbeersträucher gedeihen im kühlen nördlichen Klima fast auf jedem guten Boden, und man kann entweder die jungen sauren Früchte essen, auch wenn man sie dann mit viel Zucker süßen muß, oder man läßt sie reifen, bis sie später im Sommer süß und beinahe so groß wie Pflaumen sind. Im Gegensatz zu den verlockenden roten Beerenfrüchten, die sich bei Vögeln größter Beliebtheit erfreuen, werden die grünen harten Stachelbeeren von ihnen zumeist verschmäht.

Wer auf dem Land aufgewachsen ist, mußte im Sommer vermutlich des öfteren schüsselweise Stachelbeeren für den Sonntagskuchen oder für Kompott, Konfitüre und Gelee von ihren Stiel- und Blütenansätzen befreien. Diese Arbeit ist etwas lästig, läßt sich aber mit einer kleinen Schere oder mit den Fingernägeln rasch erledigen. In manchen Gegenden wurde die Kultur von Stachelbeeren früher sehr ernst genommen (und in einigen Regionen hat sich dies bis heute nicht geändert). Man veranstaltete sogar Wettbewerbe, bei denen die größten und schwersten Früchte, die manchmal mehr als fünfzig Gramm wogen, prämiert wurden.

Stachelbeerkonfitüre wurde früher mitunter in Messingtöpfen gekocht (was nicht ganz ungefährlich war). Auf diese Weise blieb die frische grüne Farbe der Früchte erhalten, die sonst ein warmes grünliches Bernsteingelb annehmen, wenn man sie mit Zucker kocht. Stachelbeerkonfitüre kann etwas langweilig schmecken, so daß man die Früchte vielleicht besser zu Gelee kocht und mit Holunderblüten aromatisiert oder – wie in meinem Elternhaus – als Grundlage für ein Minzgelee zu Lammfleisch nimmt.

STACHELBEER-MINZGELEE

▨ Füllen Sie dieses Gelee portionsweise in kleine Gläser. Es schmeckt besonders köstlich zu Lammfleisch.

1 kg grüne Stachelbeeren
Zucker
1 Bund grüne Minze (keine Pfefferminze), etwa
16 Zweige
Saft von 2 Zitronen

Die Stachelbeeren in einen großen Topf geben (Blüten- und Stielansätze brauchen nicht entfernt zu werden) und knapp mit Wasser bedecken. Zum Kochen bringen und köcheln lassen, bis die Beeren weich sind. Durch ein Tuch gießen und den Saft abmessen. Auf jeweils 600 ml Saft 450 g Zucker hinzufügen. Die Hälfte der Minzzweige zu einem Sträußchen zusammenbinden und mit dem Stachelbeersaft, dem Zucker und Zitronensaft in den Topf geben. Alles erhitzen, bis sich der Zucker aufgelöst hat, dann bis zum Gelierpunkt kochen. Das Minzsträußchen herausnehmen. Die restliche Minze feinhacken und vor dem Abfüllen in Gläser unter das Gelee rühren.

Die blaßgrünen, glasigen Stachelbeeren reifen
und wachsen im Verlauf des Sommers und können
dann auch roh gegessen werden. Im Frühsommer
sind sie dazu jedoch zu sauer (links).

STACHELBEER-ORANGEN-MARMELADE MIT PISTAZIENKERNEN

▨ Dieses Rezept verwandelt die bescheidene Stachelbeere in etwas Besonderes; das Orangenaroma harmoniert ausgesprochen gut mit den Früchten.

1,5 kg grüne Stachelbeeren, Stiel- und
Blütenansätze entfernt
Abgeriebene Schale und Saft von
4 unbehandelten Orangen
1,5 kg Zucker
175 g ungesalzene, frische Pistazienkerne

Die Stachelbeeren zusammen mit der abgeriebenen Orangenschale und 300 ml Wasser in einen großen Topf geben. Die Früchte etwa 10 Minuten köcheln lassen, dann Zucker und Orangensaft hinzufügen. Kochen lassen, bis die Marmelade geliert. Da der Gelierpunkt bei Stachelbeeren rasch erreicht ist, darauf achten, daß die Marmelade nicht zu lange kocht und zu fest wird. Den Topf von der Kochstelle nehmen und die grobgehackten Pistazienkerne unterrühren. Die Marmelade kurz stehenlassen, dann in Gläser füllen und diese sofort verschließen.

Grüne Stachelbeeren waren immer ein wichtiges
Obst in der Vorratskammer. Sie lassen sich
problemlos anbauen und bringen eine reiche
Ernte hervor (oben).

Linden blühen verhältnismäßig spät, und ihre unscheinbaren Blüten sind zwischen dem dichten Laub nur schwer zu erkennen. Oftmals macht uns erst das Summen der Bienen, die hier reichlich Nektar finden, auf die Blüte aufmerksam. Auch andere Bäume, etwa Buchen, bringen eine Fülle von Blüten hervor, die eine gute Bienenweide sind.

Viele Blüten von Bäumen sind auch für den Menschen nützlich. Zu den bekanntesten gehören zweifellos der Schwarze Holunder *(Sambucus nigra)* und die Linde *(Tilia europaea)*. Früher wurden die nach Mandeln riechenden Blüten des Weißdorn *(Crataegus monogyna)* häufig für einen Likör verwendet, für den man die kleinen rosaroten oder weißen Blüten mit Weinbrand und Zucker ansetzte und einige Zeit in der Sonne durchziehen ließ. Aber auch in der Heilkunde wurden getrocknete Weißdornblüten und -blätter sowie die kugeligen roten Früchte verwendet. Junge Eschennüßchen, die aus den Blüten der Gemeinen Esche *(Fraxinus excelsior)* entstehen, wurden in ländlichen Haushalten, ähnlich wie die Samen der Kapuzinerkresse, sauer eingelegt.

Lindenblüten werden im Frühsommer gepflückt und frisch oder getrocknet für einen Heiltrank verwendet, der schweißtreibend und krampfstillend ist. Lindenblütentee wird bei Erkältungskrankheiten und Durchfällen empfohlen. Holunderblüten-, Minz- und Waldmeistertee sind ebenfalls gesund und können ungesüßt oder mit einem Spritzer Zitronensaft und etwas Honig getrunken werden.

Cremeweiße Holunderblüten sind unendlich nützlich für Sommergetränke, als Aromazutat und für Lotionen. Im Herbst liefern die Beeren eine weitere reiche Ernte (links).

Köstlicher, belebender Lindenblütentee kann aus frischen oder getrockneten Blüten aufgebrüht werden (oben).

Die Tage werden länger, und wir verbringen mehr Zeit im Freien unter dem klaren blauen Himmel, nach dem wir uns so gesehnt haben. Selbst bei größter Vorsicht bekommt man jedoch leicht einen Sonnenbrand, wenn man sich längere Zeit draußen aufhält. Hat sich die Haut erst einmal rot gefärbt, ist es bereits geschehen, doch gibt es Mittel, mit denen sich das Brennen lindern und die Haut kühlen läßt. Geeignete Lotionen kann man auf Vorrat herstellen und im Kühlschrank aufbewahren, bis man sie braucht. Sie sind zu jeder Zeit gut für die Haut, nicht nur bei Sonnenbrand, und das Holunderblütenwasser eignet sich ausgezeichnet zum regelmäßigen Gebrauch oder als Grundlage für andere Lotionen.

Holunderblüten wurden ursprünglich zum Aufhellen und Glätten der Haut verwendet, und da wir heute zunehmend die Kraft der Sonne respektieren und eher den Schatten suchen als die sengende Hitze, bevorzugen wir vielleicht bald auch wieder einen blassen, hellen Teint. Viele alte Rezepte sollten offensichtlich dazu dienen, Sommersprossen zu beseitigen und eine blütenweiße Haut zu erzeugen. Heute mögen andere Gründe dazu führen, seine eigenen Hautlotionen herzustellen. Die alten Rezepte beruhen auf langjähriger Erfahrung und dem Wissen um die Wirkung von Kräutern und anderen Pflanzen, und wenn man seine Kosmetika selbst herstellt, weiß man mit Sicherheit, daß sie keine schädlichen Substanzen enthalten.

Schutz vor Insekten

Mit den schönen Sommertagen kommt leider auch die Insektenplage. Um sie abzuwehren, kann man die Haut mit einem Aufguß aus Quassiaholzspänen einreiben oder mit Lavendel- oder Citronellaöl, das mit Hamameliswasser verdünnt ist. Insektenstiche reibt man mit frischen Ringelblumenblättern (*Calendula officinalis*) ein oder träufelt frischen Petersiliensaft darauf.

SALBEITONIKUM

Salbei wirkt keimtötend und entzündungshemmend. Ein Aufguß aus Salbeiblättern wird von jeher gegen Halsschmerzen und Zahnfleischentzündungen empfohlen, und die gleiche Mixtur hilft auch ausgezeichnet bei Sonnenbrand. Am vernünftigsten ist es selbstverständlich, bei großer Hitze eine Kopfbedeckung zu tragen und vorbeugend für einen guten Sonnenschutz zu sorgen, aber es gibt immer wieder Situationen, in denen man der Sonne nicht entfliehen kann und anschließend ein kühlendes Hautpflegemittel benötigt.

Etwa 300 ml Quellwasser zum Kochen bringen und eine Handvoll frische Salbeiblätter damit übergießen. Stehenlassen und die abgekühlte Flüssigkeit vor der Verwendung durch ein Sieb gießen. Solange genügend Salbei im Garten wächst, sollte man die Lotion bei Bedarf immer frisch zubereiten. Dabei ist es unerheblich, ob es sich um gewöhnlichen Gartensalbei oder eine purpurrote oder gefleckte Varietät handelt.

Gesichtswässer aus Salbei und Gurke helfen gegen Sonnenbrand (oben).

Elegante, altmodische Apothekerflaschen, gefüllt mit Hautwässern aus Sommerpflanzen (rechts).

GURKENTONIKUM

Gurken beruhigen die Haut und überanstrengte Augen. Mit ihnen läßt sich die schnellste Gesichtsmaske herstellen: einfach feingeschnittene Gurkenscheiben für etwa 15 Minuten auf das Gesicht und den Hals legen. Das Gurkentonikum wirkt an heißen Sommertagen wundervoll erfrischend.

Eine halbe ungeschälte und nach Möglichkeit ungespritzte Salatgurke raspeln, hacken oder pürieren und den Saft herausdrücken. Dazu entweder ein Sieb, ein Mulltuch oder einfach die Hände nehmen. Den reinen Gurkensaft auf die sonnenverbrannte Haut tupfen oder mit gleichen Teilen Rosen- oder Hamameliswasser zu einem adstringierenden Tonikum vermischen.

HOLUNDERBLÜTENWASSER

Dieses Gesichtswasser wird am besten aus frischen Holunderblüten hergestellt, doch man kann auch getrocknete verwenden. Pflücken Sie die Blüten von Büschen, die nicht in der Nähe von Straßen oder Feldern stehen, die mit Pestiziden gespritzt werden. Das Gesichtswasser wirkt beruhigend auf die Haut.

100 g frische Holunderblüten in einer Schüssel mit einem Stößel zerdrücken, mit 300 ml kochendem Quellwasser übergießen und einige Sekunden durchrühren. Stehenlassen, bis die Flüssigkeit abgekühlt ist. Durch ein Sieb gießen und 2 Eßlöffel Eau de Cologne hinzufügen, wenn das Gesichtswasser einige Zeit haltbar sein soll. In saubere Flaschen abfüllen.

HOCHSOMMER

»Bring uns rosarote und purpurne Akelei,
Und Levkojen;
Bring Nelken und Wicken,
An denen sich die Liebenden erfreuen.«

EDMUND SPENSER
Der Hirtenkalender, 1578

Im Hochsommer gibt es Obst und Gemüse im Überfluß und somit auch reichlich Arbeit in Küche und Vorratskammer. Alles scheint zur gleichen Zeit reif zu werden, und man muß große Mengen auf einmal verarbeiten, doch dauert diese Schwemme nur wenige Wochen. Ein ausgewachsener Busch mit roten, weißen oder schwarzen Johannisbeeren liefert genügend Früchte für einen Haushalt normaler Größe, und von einer Doppelreihe aus etwa zwanzig Himbeerpflanzen kann man mindestens drei Wochen lang täglich reife Beeren ernten. Früchte wie Himbeeren und Erdbeeren werden niemals langweilig, weil ihre natürliche Saison nur kurz ist, und es lohnt sich allemal, ihren geheimnisvollen Geschmack für die kommenden Monate einzufangen. Dies ist allerdings nicht ganz einfach, denn das Kochen der Früchte, die roh so köstlich schmekken, ist fast ein Sakrileg. Natürlich kann man Beerenobst auch einfach tiefgefrieren. Es empfiehlt sich, empfindliches Beerenobst auf einem Tablett ausgebreitet zwei bis vier Stunden vorzugefrieren, bevor man es in Behälter füllt. Damit Beerenobst länger frisch bleibt, sollten Sie sich an eine altbewährte Methode halten und die Früchte beim Pflücken und zum Aufbewahren auf ein großes Weißkohlblatt legen.

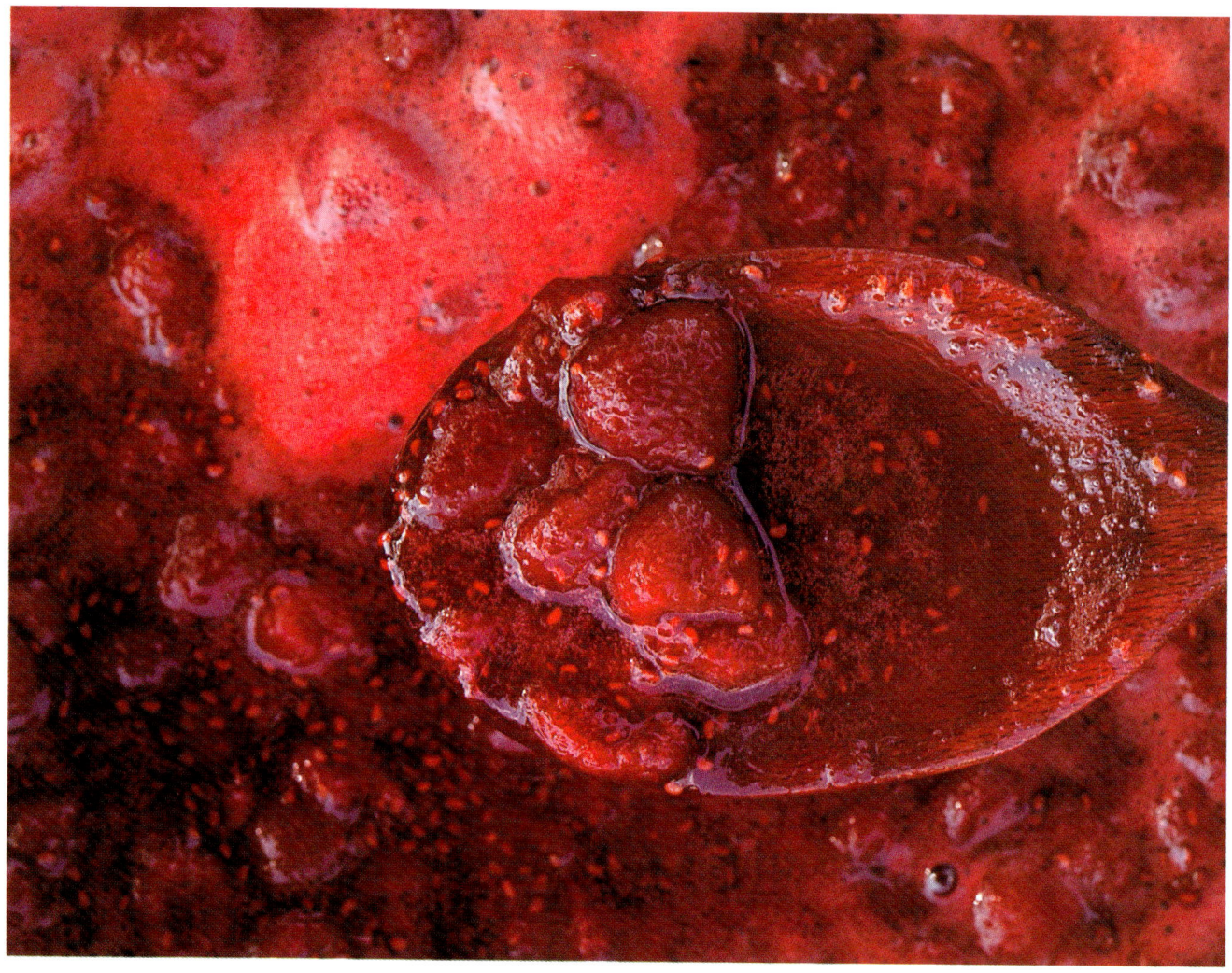

HIMBEER-RATAFIA

⊠ Eine Ratafia ist ein mit Früchten aromatisierter Likör – eine herrliche Methode, um aus wenigen Himbeeren etwas ungemein Köstliches herzustellen. Die Zuckermenge kann nach eigenem Geschmack variiert werden, vielleicht schmeckt ihnen der Likör aber auch am besten ganz ohne Zucker.

AUF JEWEILS 450 GRAMM HIMBEEREN:

100 g Zucker
600 ml Wodka, Branntwein oder Weinbrand
5 Mandeln oder Aprikosenkerne

Die sauberen, aber ungewaschenen Himbeeren in einer Schüssel mit dem Zucker bestreuen und behutsam mit einem Löffel darauf drücken, damit sie Saft abgeben. Den Alkohol darübergießen und die Mandeln oder Aprikosenkerne hinzufügen. In ein weithalsiges Glas füllen und zudecken. Etwa einen Monat durchziehen lassen; in der ersten Woche täglich durchschütteln. Anschließend erst durch ein Sieb und dann durch ein doppelt gelegtes Mulltuch oder eine Filtertüte gießen, damit die Flüssigkeit klar wird. In einer verkorkten Flasche an einem dunklen Ort aufbewahren.

Kochende Himbeermarmelade erfüllt das ganze Haus mit dem Duft des Sommers (links). Eine der schönsten Sommerfarben ist das leuchtende Rot der Himbeeren (oben).

Rote, weiße und vor allem schwarze Johannisbeeren schmecken dagegen gekocht oftmals besser, weil sie so ihr volles Aroma entfalten. Mit ihrem intensiven Geschmack ergeben schwarze Johannisbeeren eines der besten Fruchtgelees, und man kann ihr gesundes Vitamin C förmlich auf der Zunge spüren. Rote Johannisbeeren harmonieren gut mit anderen weichen Sommerfrüchten wie Himbeeren oder sogar Kirschen, und durch den hohen Pektingehalt der Johannisbeeren wirft das Kochen von Konfitüre oder Gelee keine Probleme auf. Rotes Johannisbeergelee ist eine klassische Beilage zu Osterlamm, und es lohnt sich immer, einige Gläschen davon zu kochen, die jeweils für eine Mahlzeit reichen.

Auf Himbeeren braucht man selbst in einem kleinen Garten nicht zu verzichten, denn sie beanspruchen nur wenig Platz, und da die alten Ruten jedes Jahr weggeschnitten werden, wuchern sie auch nicht. Man sollte sie jedoch mit Netzen oder auf andere Weise vor Vogelfraß schützen. Die alten aromatischen Himbeersorten vergangener Zeiten wurden leider von neuen Züchtungen mit übergroßen Früchten verdrängt. Da sie nicht virusfrei sind, gibt es heute keine alten Sorten mehr zu kaufen, und so muß man sich mit den Neuzüchtungen begnügen und das Beste daraus machen. Diese Neuzüchtungen schmecken zwar weniger intensiv, doch ist ihr Ertrag im allgemeinen sehr hoch, und da sie sich auch erheblich leichter pflücken lassen als früher, gehören Himbeeren noch immer zu den besten Früchten für feine Konfitüren. Manche Leute mögen die kleinen Kerne der Beeren nicht, und in diesem Fall kocht man einfach ein Gelee – entweder nur aus Himbeeren oder zusammen mit roten Johannisbeeren. Andere genießen es dagegen, wieder echte Himbeerkerne in ihrer Marmelade zu finden, nachdem sie fertiggekaufte Scheußlichkeiten gegessen haben, wie etwa künstlich gefärbte Fruchtmischungen, die als Konfitüre ausgegeben werden. Wer erst einmal selbstgemachte Himbeerkonfitüre probiert hat, wird kaum noch Gefallen an industriell hergestellter finden.

Es gibt viele Rezepte für einfache Himbeerkonfitüren, die kein langes Kochen erfordern und daher einen besonders frischen Geschmack und ein volles Aroma haben. Man mischt die Beeren im Verhältnis 4:3 mit Zucker und läßt sie einige Stunden stehen, damit sie Saft ziehen. Anschließend wird das Obst erhitzt, bis sich der Zucker vollständig aufgelöst hat, und man füllt die Konfitüre in Gläser. Sehr gut schmeckt auch Himbeer-Johannisbeer-Gelee mit Portwein oder Sherry. Es gibt sogar Rezepte, bei denen man die gezuckerten Himbeeren einfach nur in die Sonne stellt, damit die Früchte den Zucker aufnehmen. Himbeeren haben einen hohen Pektingehalt und gelieren daher schnell, aber bedenken Sie, daß eine flüssigere Konfitüre weitaus besser schmeckt als eine sehr feste. Die Zubereitung ist einfach, und das Ergebnis wird am besten im Kühlschrank aufbewahrt, eingefroren oder sofort gegessen.

Olivada

Reife schwarze Oliven entsteinen und mit wenig Olivenöl in einem Mörser zerreiben oder im Mixer glattpürieren. Mit etwas frisch gemahlenem schwarzem Pfeffer abschmecken und in sehr kleine Schraubdeckelgläser füllen. Die Paste mit einer dünnen Schicht Olivenöl bedecken und die Gläser mit Deckeln verschließen. Olivada kann auf kleine Toastscheiben oder geröstetes Brot gestrichen werden, die man als Vorspeise reicht, oder als Grundlage für eine würzige provenzalische *tapenade* (siehe rechte Spalte) verwendet werden.

Oliven gehören zu den ältesten Nahrungsmitteln der Menschheit. Grüne Oliven, die im Herbst von den uralten knorrigen Bäumen gepflückt werden, und reife, schwarze Früchte, die man im Winter erntet, werden im ganzen verwendet oder zu Öl gepreßt, das für die meisten von uns ein Synonym für die Mittelmeerküche ist. Es gibt viele verschiedene Olivensorten, die von winzigen schwarzrosa Oliven aus Nizza bis zu riesigen hellgrünen Früchten aus Spanien reichen. Man bekommt Oliven lose oder in Dosen und Gläsern zu kaufen, und sie sind in Lake oder Öl eingelegt. Oliven gibt es mit und ohne Stein, gefüllt und mit Kräutern und Gewürzen aromatisiert. Sie sollten in keiner Vorratskammer fehlen, denn man kann damit Salate verfeinern oder die Früchte an Sommerabenden zu einem erfrischendem Aperitif genießen.

Schmackhafte Oliven erhält man, wenn man grüne Früchte in Olivenöl mariniert, das mit Thymian, Knoblauch und Oregano aromatisiert ist. Auch mit zerstoßenen Koriandersamen bestreute Oliven schmecken köstlich. In Öl eingelegte Oliven halten sich wochenlang, und man kann dazu sogar preiswertes Pflanzenöl nehmen, das das Olivenaroma annimmt und sich später für Salatsaucen verwenden läßt. Für ein schnelles, ansprechendes Geschenk können Sie mehrere Olivensorten mischen und mit frischen Lorbeerblättern und Zitronenscheiben in ein weithalsiges Glas schichten. Am hübschesten sieht es aus, wenn man Oliven in möglichst vielen verschiedenen Farben und Sorten nimmt. Achten Sie darauf, daß die Oliven immer vollständig mit Öl bedeckt sind, auch wenn bereits ein oder zwei Lagen verbraucht wurden. Wählen Sie ein Schraubdeckelglas, oder verschließen Sie das Gefäß einfach mit einem Stück Cellophan, Stoff oder Papier, damit kein Staub hineingelangt.

Schwarze Oliven bilden die Grundlage für die würzige, vielseitig verwendbare *tapenade* aus der Provence. Das Olivenpüree stellt man traditionell im Mörser her, man kann die Zutaten aber auch in der Küchenmaschine zerkleinern. Für etwa 250 ml *tapenade* werden 150 g entsteinte, schwarze Oliven, 8 Sardellenfilets, 4 Eßlöffel abgetropfte Kapern, 5 Knoblauchzehen, 125 ml feinstes Olivenöl und frisch gemahlener Pfeffer benötigt. Die Zutaten werden fein zerkleinert, und dabei arbeitet man nach und nach das Olivenöl unter. Zum Schluß wird das fertige Püree mit Pfeffer abgeschmeckt.

Gutes, aromatisches Olivenöl (natives Olivenöl extra) kommt am besten in einfachen Salatsaucen mit Zitronensaft oder Weinessig zur Geltung. Öl mit wenig Aroma, etwa aus zweiter Pressung, läßt sich verbessern, indem man es einige Wochen mit Kräutern oder Gewürzen durchziehen läßt. Mit Basilikum aromatisiertes Öl, das sich nur im Sommer herstellen läßt, wenn es reichlich frisches Basilikum gibt, schmeckt besonders gut und ist vielseitig verwendbar. Man kann damit Salatsaucen zubereiten oder Pizzas und Gemüsegerichte, gebackene Tomaten sowie Pilze damit beträufeln.

Die konservierenden Eigenschaften von Olivenöl können Sie sich auch beim Einlegen von Gemüse zunutze machen. Paprikaschoten aller Farben eignen sich ausgezeichnet (siehe Seite 29), ebenso wie Wild- und Kulturpilze. Man kann das Gemüse entweder in Weinessig köcheln lassen und dann in Öl konservieren, so daß eine Art italienischer Antipasto entsteht, oder man grillt das Gemüse, läßt es abkühlen und abtropfen und füllt es zusammen mit Würzzutaten in Gläser. Junge Artischocken oder Artischockenherzen eignen sich hervorragend für die erste Methode, und in Scheiben geschnittene Auberginen schmecken noch köstlicher, wenn man sie grillt; sie erhalten dadurch ein rauchiges Aroma. Die verschlossenen Gläser bewahrt man am besten im Kühlschrank auf, wo sie fast unbegrenzt haltbar sind. Angebrochene Gläser sollten innerhalb von ein, zwei Tagen verbraucht werden.

Glänzende violette, schwarze und grüne Oliven liegen auf einem Tablett bereit, um zwischen frischen Lorbeerblättern und Zitronenscheiben in ein Glas geschichtet zu werden (rechts).

EINGELEGTE OLIVEN AUF SIZILIANISCHE ART

◪ Servieren Sie diese Oliven zusammen mit anderen Vorspeisen als sommerliche Mahlzeit.

450 g schwarze Oliven, abgetropft
Schale von 1 unbehandelten Orange,
 in feine Streifen geschnitten
Schale von 1 unbehandelten Zitrone,
 in feine Streifen geschnitten
1 EL gehackter frischer Thymian
10 Knoblauchzehen, geschält und halbiert
1 EL Fenchelsamen
Olivenöl

Die Oliven in einer Schüssel mit Zitrusschale, Thymian, Knoblauch und Fenchelsamen gründlich vermischen. In Einmachgläser füllen, vollständig mit Olivenöl bedecken und verschließen. Die Oliven vor dem Verzehr mindestens eine Woche durchziehen lassen.

Nehmen Sie ein großes weithalsiges Glas, wenn
Sie Oliven unterschiedlicher Farbe einlegen
möchten (oben).

EINGELEGTE ROSEN ODER GARTENNELKEN

◪ Eingelegte Rosen- oder Nelkenblüten sorgen auf dem liebevoll gedeckten Tisch oder auf kalten Buffets für bezaubernde Farbakzente. Man kann damit Pasteten dekorieren oder sie in Salate mischen. Nach diesem Rezept können sowohl Rosen wie auch Gartennelken konserviert werden. Bei Rosen nimmt man kleine rote Knospen oder nur Blütenblätter. Nelkenblüten lassen sich ebenfalls im ganzen einlegen, oder man zupft die Blütenblätter ab und entfernt die weißen Teile an der Basis.

Vorbereitete saubere, aber ungewaschene
  Blüten von Rosen oder Gartennelken
Zucker
Weißweinessig

Zuerst die Blüten genau abwiegen. Die gleiche Menge Zucker und dann auf jeweils 25 g Zukker 25 ml Weißweinessig abmessen. In einem säurebeständigen Topf bei milder Hitze den Zucker in dem Essig auflösen und den Topf anschließend sofort von der Kochstelle nehmen. (Die Flüssigkeit braucht nicht zu kochen.) Die Essiglösung abkühlen lassen und die Blüten in dunkel eingefärbte Gläser füllen, damit die Blütenblätter nicht durch einfallendes Licht ausbleichen. Mit der Essiglösung übergießen und die Gläser verschließen.

Im 16. Jahrhundert legte man großen Wert auf die Farbe und das Garnieren von Speisen. In jenen Tagen, als die einzelnen Gänge der Menüfolge weniger stark voneinander abgegrenzt waren und Gerichte mit den verschiedenen Geschmacksrichtungen salzig, süß, pikant und süß-sauer zusammen aufgetragen wurden, nahmen kunstvoll zubereitete Speisen einen breiten Raum ein. Die höfischen Festbankette waren unvorstellbar üppig. Als etwa Kaiser Karl V. im Jahr 1530 von der Stadt München empfangen wurde, umfaßte das Menü vierundsechzig Gänge! Aber auch in wohlhabenden Haushalten gestaltete man die Tafel aufwendig; so erfreuten sich mehrfarbige Pasteten und Törtchen größter Beliebtheit, und jeder Koch, der etwas auf sich hielt, konnte selbst in den rauhen Wintermonaten farbenfrohe, raffinierte Salate auf den Tisch zaubern.

Für Farbe sorgten dabei vor allem Blüten, die im Sommer eingelegt oder auf andere Weise konserviert wurden. In den Vorratskammern und Küchen herrschte während der langen Sommertage ein geschäftiges Treiben: Gelees und Marmeladen in möglichst vielen verschiedenen Farben wurden gekocht, und man bereitete eingelegte und kandierte Rosenknospen und Gartennelken zu, die neben den konservierten Frühlingsblumen – Primeln, Schlüsselblumen und Veilchen – die Vorratsregale füllten und die Speisekammern schmückten.

Rosen boten die vielfältigsten Verwendungsmöglichkeiten, und wenn der eigene Garten nicht genügend Blüten hervorbrachte, kaufte man sie auf dem Markt. Die Blütenblätter wurden für Duftwässer und Lotionen genommen oder getrocknet, kandiert und zu Süßigkeiten und Arzneien verarbeitet. Aus Honig und zerstoßenen Rosenblüten stellte man eine köstliche Paste her, und getrocknete Blütenblätter waren selbstverständlich die Grundlage für Duftpulver und getrocknete Kräuter- und Blumenmischungen, die das Haus und die Wäsche mit Wohlgeruch erfüllten.

Für all diese Rezepte benötigte man stark duftende rosarote oder rote Rosen, die in vielen alten Rezepten einfach Damaszenerrosen heißen. *Rosa gallica* ›Officinalis‹, auch als Apothekerrose bekannt, war wohl die am häufigsten verwendete Rose und ist es auch heute noch. Ihre halbgefüllten, hell karminroten Blüten, die an mittelgroßen Büschen mit leuchtendgrünem Laub wachsen, verströmen einen intensiven Duft, der auch nach dem Trocknen erhalten bleibt. Im Mittelalter wurden diese Rosen in der Gegend von Provins in Nordfrankreich gewerbsmäßig angebaut. *Rosa damascena,* die aus *Rosa gallica* hervorgegangen ist, wird in Bulgarien, Marokko und Indien zur Herstellung von Rosenöl kultiviert.

Karmesinrote Nelken lassen sich für die
Wintermonate in einer Essig-Zucker-Lösung
konservieren (oben).

Der leicht vergängliche liebliche Rosenduft des
Sommers läßt sich für die kältere Jahreszeit
einfangen (rechts).

GELEE VON WEISSEN JOHANNISBEEREN UND NEKTARINEN

Dieses Gelee gehört zu jenen extravaganten Köstlichkeiten, die man im Sommer in kleinen Mengen herstellen und verschenken kann.

1,8 kg weiße Johannisbeeren
150 ml Wasser
Einmachzucker
Saft von 2 Zitronen
3 Nektarinen

Die weißen Johannisbeeren mit dem Wasser in einen großen Topf geben. (Sie können an den Stielen belassen werden.) Das Wasser zum Kochen bringen und die Beeren leise köcheln lassen, bis sie weich sind. Das Obst in einem Saftseiher über Nacht abtropfen lassen. Am nächsten Tag den Saft abmessen und in einen großen Topf geben. Auf jeweils 570 ml Flüssigkeit 350 g Einmachzucker dazugeben. Den Zitronensaft hinzufügen. Die Nektarinen enthäuten, entsteinen, in Scheiben schneiden und in leicht gesäuertes Wasser legen, damit sie sich nicht verfärben. Saft und Zucker kochen, bis der Gelierpunkt erreicht ist. Den Topf von der Kochstelle nehmen, das Gelee etwas abkühlen lassen und dann die Nektarinen hinzufügen. In Gläser füllen, wenn das Gelee gerade fest zu werden beginnt, damit die Nektarinenstücke nicht nach unten sinken. Die Gläser sofort verschließen.

Reife weiße Johannisbeeren sind besonders
schöne Früchte. Man verwendet sie wie rote
Johannisbeeren, doch zeichnen sie sich durch
eine etwas andere Geschmacksnote aus (oben).

APRIKOSEN-CHUTNEY

Dieses Chutney hat einen herrlich frischen Geschmack und paßt ausgezeichnet zu pikant gewürzten Speisen oder Käse.

1,5 kg frische Aprikosen, entsteint und in
 Stücke geschnitten
350 g Zwiebeln, gehackt
2 Knoblauchzehen, zerdrückt
1 kleines Stück frischer Ingwer, gerieben
600 ml Apfelessig
220 g Demerara-Zucker
2 TL Salz
2 TL Senfsamen
Je 1 TL gemahlener Zimt und gemahlene
 Muskatblüte
¹/₂ TL Cayennepfeffer

Alle Zutaten in einen großen säurebeständigen Topf geben und leise köcheln lassen, bis das Obst und die Zwiebeln weich sind und ein dickflüssiges Chutney entstanden ist. In Gläser füllen und verschließen.

PFIRSICH-WALNUSS-KOMPOTT

1 kg reife Pfirsiche, enthäutet und entsteint
Saft von 2 Zitronen
450 g Zucker
230 g Walnußkerne

Die Pfirsiche in Würfel schneiden. Mit dem Zucker und dem Zitronensaft in eine Schüssel geben und über Nacht stehenlassen. Am nächsten Tag in einem großen Topf das Obst mit dem Saft zum Kochen bringen und die Pfirsiche etwa 20 Minuten garen, bis sie glasig werden. Das Obst mit einem Schaumlöffel aus der Flüssigkeit nehmen und in eine Schüssel geben. Die Flüssigkeit kräftig kochen lassen, bis sie eindickt. Dann die Walnuß- und Pfirsichstücke hinzufügen. Gründlich durchrühren, den Topf von der Kochstelle nehmen und das Kompott etwas abkühlen lassen, bevor es in Gläser gefüllt wird.

Pfirsich-Walnuß-Kompott ist sehr gehaltvoll,
und die knackigen Walnüsse bilden einen guten
Kontrast zu dem süßen Obst (rechts).

Eine Liste mit englischen Pfirsichen aus dem frühen 19. Jahrhundert umfaßt knapp 30 verschiedene Sorten, darunter ›Old Newington‹, ›Gallande‹, ›Red Magdalen‹, ›French Mignonne‹, ›Persique‹ und ›Incomparable‹. Pfirsiche spielten in jenen Tagen eine wichtige Rolle und waren bei Feinschmeckern überaus beliebt. Gewöhnlich wurden sie als Spalierobst an warmen Südmauern in geschützten Küchengärten gezogen, und man fragt sich zwangsläufig, ob die Bäume damals widerstandsfähiger oder die Sommer wärmer waren als heute. In der zweiten Hälfte des 19. Jahrhunderts kultivierte man sie dann häufig in Gewächshäusern, wo außerhalb der Saison Früchte heranreiften – Pfirsiche zu Weihnachten waren keine Seltenheit. Nektarinen sind Früchte mit dem vollen Aroma eines Pfirsichs, aber einer etwas herberen Geschmacksnote und glatter Haut. In Rezepten, etwa für Konfitüren, Kompotts oder Chutneys, lassen sich Pfirsiche und Nektarinen gegeneinander austauschen.

Obwohl sich die Bäume ähneln, sind Aprikosen gänzlich andere Früchte als Pfirsiche und Nektarinen, nicht zuletzt, weil sich die blaßrosa Blüten früh im Jahr an den noch kahlen Ästen zeigen und in der Befruchtungszeit die Gefahr von späten Frösten und kalter nasser Witterung besteht. Früher wurden Aprikosen gepflückt, wenn sie noch klein und grün waren, und wie grüne Stachelbeeren verwendet. Dies diente auch dem Ausdünnen bei allzu reichlichem Fruchtbehang, was die Qualität der übrigen Früchte verbesserte.

Zum Entsteinen und Enthäuten von Pfirsichen, Aprikosen und Nektarinen geht man am besten folgendermaßen vor: Nach dem Blanchieren zuerst mit einem scharfen Messer die Frucht rundum bis auf den Stein einschneiden; dabei die Fruchtnaht als Führung benutzen. Dann die Fruchthälften gegeneinanderdrehen, bis sich der Stein vorsichtig herauslösen läßt. Zum Schluß die Haut abziehen. Damit sich die Schnittflächen nicht verfärben, diese mit Zitronensaft einreiben.

Vollreife Nektarinen zeigen sich im sommerlichen Abendlicht in glühenden Farben (Seite 130/131).

SPÄTSOMMER

O, daß die Zeit nicht nutzlos dir vergeht!
Nicht in sich selbst verzehre Schönheit sich!
Die Blum', die man nicht bricht im ersten
Schimmern,
Wird in sich selbst vergehn bald und
verkümmern.

WILLIAM SHAKESPEARE
Venus und Adonis, 1593

Senf gehört zu derselben Pflanzenfamilie *(Cruciferae)*, zu der auch die Kohlgewächse zählen. Früher war es üblich, Keimlinge aus weißem Senf *(Sinapis alba* ssp. *alba)* und Kresse zu ziehen und diese als Salat, in Sandwiches und zum Garnieren zu nehmen. Bei uns ist schwarzer Senf *(Brassica nigra)* seit langem eine Ackerpflanze, und schon im Mittelalter baute man ihn im Garten als Gewürzpflanze an. Das ätherische Öl gemahlener Senfkörner galt als verdauungsfördernd und wurde für Umschläge und heiße Bäder gegen Erkältungen verwendet.

Heute dient Senf als Tischwürze, die traditionell zu bestimmten Speisen gegessen wird, wie etwa Roastbeef, geräuchertem Fleisch und Sülze. Englischer Senf wird aus Senfmehl und Wasser hergestellt, während die Franzosen eine weniger scharfe Version mit Wein oder Essig bevorzugen. Senf gehört in jede Vorratskammer, und wer einen klassischen einfachen Senf mit weiteren Zutaten verfeinert, erhält seine eigene, ganz besondere Hausmischung für Salatsaucen und gegarte Speisen.

Stellen Sie durch Hinzufügen von Chillies, Dill,
Zitronensaft und Bier ihre eigenen glatten oder
körnigen Senfkreationen her (links). Verschiedene
Senfmischungen stehen für einfallsreiche Rezepte
bereit (oben).

FRISCHKÄSE MIT RINGELBLUMEN

🔲 Pasteurisierter Milch muß zum Gerinnen Labferment oder Buttermilch zugesetzt werden.

600 ml Vollmilch
1 EL frische oder getrocknete Blütenblätter
*   von Ringelblumen*
Einige Tropfen Labferment (die für 600 ml
*   Milch benötigte Menge nach Hersteller-*
*   anweisung berechnen)*
1 Messerspitze geriebene Muskatnuß
Salz

Die Milch auf 16 °C erwärmen. Die Blütenblätter zerdrücken und zu der Milch geben. Einige Tropfen Labferment hinzufügen. Wenn die Milch geronnen ist, den Käsebruch in ein doppeltes Stück Käseleinen schöpfen und zum Abtropfen an einen kühlen Ort hängen. Die Masse nach etwa 6 Stunden herausnehmen und mit etwas Salz und Muskat bestreuen. Zu kleinen runden Käselaiben formen und mit gehackten frischen Ringelblu-menpetalen garnieren. Im Kühlschrank aufbewahren.

Leuchtend orangerote Ringelblumen wirken
besonders hübsch, wenn man sie in einem
einfachen Krug arrangiert (oben).

Im Spätsommer ist der Garten von den kräftigen Farben und schlichten Formen einjähriger Blumen erfüllt. Von anspruchsvollen Gärtnern oftmals verschmäht, gehören diese Sommerblumen zu den hübschesten und fröhlichsten Pflanzen, die man sich vorstellen kann. Viele winterharte und bedingt winterharte Einjahresblumen, die wir ziehen, sind keine heimischen Gewächse, und ihre aufdringlichen Farben und ihr Erscheinungsbild können in einem stillen Garten deplaziert wirken, doch manchmal ist ihr leuchtendes Farbenspiel durchaus willkommen, und oftmals haben sie eßbare und dekorative Blüten und Blätter. Kapuzinerkresse *(Tropaeolum majus)* wächst in nahezu jedem Garten, seit sie aus Südamerika eingeführt wurde. Ihre pfeffrig-pikanten Blätter enthalten große Mengen an Vitamin C, und auch die Blüten schmecken gut, wobei ihre kräftig orange, gold und rot gefärbten Blütenblätter wundervoll mit grünen Blattsalaten kontrastieren.

Ringelblumen werden seit der Zeit, als sie in weiten Teilen Europas wild wuchsen, gezüchtet und verbessert. Heutige Varietäten haben große Blüten mit orangeroten Petalen. Früher sahen die Blüten erheblich schlichter aus, und die große Mittelscheibe war von einer einzelnen Lage Blütenblätter eingerahmt. Die Samen solcher einfachen Gartenringelblumen *(Calendula officinalis)* gibt es auch heute noch zu kaufen. Im Mittelalter zählten Ringelblumen zu den wichtigen Heilpflanzen und Küchenkräutern, und sie gaben der eintönigen, schwerverdaulichen Winterkost Farbe und Aroma.

Da sich die orangeroten Blütenblätter der Gartenringelblumen einfach trocknen lassen und gut halten, waren sie stets im Vorratsschrank zu finden. Sie dienten beispielsweise als Ersatz für teuren Safran. Man kann sie frisch oder getrocknet zum Kochen nehmen, und sie bewahren ihre Farbe im getrockneten Zustand gut, insbesondere wenn man sie an einem dunklen Ort aufbewahrt. Zum Trocknen der Blütenblätter pflückt man an einem sonnigen Tag einige junge Ringelblumen, deren Blüten vollständig geöffnet sind. Man kann entweder die ganzen Blüten von den Stengeln abschneiden oder die Blütenblätter abzupfen. Die Blüten legt man in einen Korb oder einen Durchschlag und stellt sie für einige Tage an einen warmen, luftigen Ort, bis sie trocken und spröde sind. Um sie vor Licht zu schützen, sollten sie anschließend in einem braunen Glas oder einer Dose aufbewahrt werden.

Blütenblätter von Ringelblumen wurden früher als eine Art Ferment zur Herstellung von Frischkäse verwendet. Bei dem hier aufgeführten Rezept wird jedoch der Frischkäse lediglich mit den Blütenblättern aromatisiert.

Bei diesem Sack aus Käseleinen, aus dem die
Molke abtropft, denkt man an die friedvolle
Atmosphäre einer alten Molkerei.

Melonen sind genau die richtigen Früchte für heiße Sommertage. Bei großer Hitze ist ihr kühles saftiges Fruchtfleisch mitunter die einzige Art von Erfrischung, die man bereit ist, zu sich
zu nehmen, und es versorgt den Körper gleichzeitig mit Nahrung und Flüssigkeit. Melonen, die in heißen südlichen Ländern heimisch sind, werden von jeher auch in kühleren nördlichen Regionen angebaut. Im 18. Jahrhundert gab es in vielen
Gärten Mistbeete, in denen man empfindliche Früchte und Gemüse kultivierte. Sie versorgten die Haushalte während der
Sommermonate mit Körben voller Melonen. Alle überschüssi-
gen Melonen wurden eingelegt.

Unreife Melonen lagert man zum Nachreifen bei Raumtemperatur. Reife Melonen geben auf Druck am Stielansatz leicht
nach und verströmen an der Blüte einen wundervollen Duft.

EINGELEGTE MELONE

▣ Am besten gelingt dieses Rezept, wenn man
Melonen mit orangefarbenem Fleisch verwendet, wie etwa Kantalupen. Blanchieren Sie das
Fruchtfleisch nicht länger als unbedingt nötig,
da es sonst zerfällt und seinen Biß verliert. Die
eingelegten Melonenstücke schmecken ausgezeichnet zu Rauchfleisch. Nehmen Sie weit-
halsige Gläser, damit sich die Stücke problemlos mit einer Gabel herausholen lassen.

1,7 kg Melonenfleisch, gewürfelt
   (dazu benötigen Sie 3 Melonen von je 1 kg)
300 ml Weißweinessig
450 g Zucker
1 unbehandelte Zitrone, in Scheiben
   geschnitten
1 Zimtstange
1 getrocknete rote Chilischote
1 TL Piment
4 Nelken

Die Melonenstücke in einem großen Topf mit
kochendem Salzwasser nicht länger als 2 Minuten blanchieren. (Am einfachsten geht dies
mit einem Blanchiereinsatz aus Metall.) Das
Fruchtfleisch herausheben und in eiskaltem
Wasser abschrecken. Abtropfen lassen, die
Stücke nötigenfalls behutsam trockentupfen
und dann in Einmachgläser füllen. In einem
zweiten Topf Essig, Zucker, Zitronensaft und
Gewürze erhitzen und rühren, bis sich der Zukker aufgelöst hat. Die Flüssigkeit zum Kochen
bringen und etwa 20 Minuten köcheln lassen.
Dann durch ein Sieb gießen und die Zitrone und
die Gewürze entfernen (nach Belieben können
auch einige ganze Gewürze in der Flüssigkeit
verbleiben). Die Melonenstücke damit übergießen und die Gläser sofort verschließen. Vor
dem Verzehr einige Wochen durchziehen lassen. Angebrochene Gläser sollten möglichst
rasch aufgebraucht werden.

Unter der netzartigen Schale verbirgt sich
orangerotes Fruchtfleisch (oben links).

Der herrliche Geschmack und wunderbare Duft
von Sommermelonen läßt sich einfangen in einem
Glas mit eingelegten Melonenstücken (rechts).

Früher legte man Beete an, bei denen sich unter dem Humus eine Lage verrottendes Material befand, wie beispielsweise Pferdemist, der Wärme erzeugte und damit für ein schnelleres Wachstum der Melonenpflanzen sorgte und ihnen sozusagen ein tropisches Klima verschaffte. Melonenpflanzen entwickeln lange rankende Triebe, die man gewöhnlich an Schnüren oder einem komplizierten System aus Drähten erzog. Jede Melone bekam ihr eigenes kleines Netz, damit sie während des Reifens geschützt war und den Boden nicht berührte.

Kein Stilleben jener Tage war ohne Melonen mit ihrem orangefarbenen oder grünen Fruchtfleisch vollständig. Die Früchte der vielen verschiedenen Melonensorten werden im allgemeinen frisch und roh verzehrt, doch wenn man sie einlegt, kann man sie auch außerhalb ihrer natürlichen Saison genießen. Am besten eignen sich dazu Melonen, die noch nicht ganz reif sind, aber schon Aroma entwickelt haben. Vollreife Früchte sind zu weich und fallen beim Blanchieren auseinander. Das nebenstehende Rezept läßt sich mit allen möglichen Sorten zubereiten, seien es nun Charentais-, Kantalup-, Honig- oder Ogenmelonen. Wassermelonen hingegen sind ungeeignet. Melonensorten mit orangerotem Fruchtfleisch sehen besonders farbenfroh und appetitlich aus.

Es gibt auch ein berühmtes Rezept für eingelegte Wassermelonen, doch verwendet man dazu nur den schmalen Streifen festes Fleisch, der zwischen der Schale und dem inneren rosaroten Fruchtfleisch sitzt.

Dem markanten und durchdringenden Duft von frischem oder getrocknetem Lavendel kann kaum einer widerstehen. Ein blühender Lavendelstrauch lädt geradezu dazu ein, einen Stengel abzupflücken und die Blüten zwischen den Fingern zu zerreiben, so daß das ätherische Öl und der Duft freigesetzt werden. Lavendel ist seit alters her die wichtigste Duftpflanze im Haus, die ihren Wohlgeruch in Wäsche- und Kleiderschränken verbreitet. Lavendelsträucher wurden früher häufig in der Nähe von Fenstern in Beete oder Töpfe gepflanzt, damit ihr Duft in die Zimmer zog und Insekten abgehalten wurden. Das ätherische Öl wirkt heilend bei Verbrennungen und Wunden und hat einen beruhigenden, wenngleich belebenden Effekt auf die Sinne. Man verwendet Lavendel als Badezusatz, als Duftstoff für Parfums, und er ist ein klassischer und wichtiger Bestandteil vieler Potpourri-Mischungen.

Alte Lavendelsorten, deren Nützlichkeit wohl nur von Rosenblüten übertroffen wird, blühen verhältnismäßig spät im Sommer, und ihre blassen, malvenfarbigen Blüten locken Bienen an. Um selbstgezogenen Lavendel zu trocknen, pflückt man ihn an einem schönen Tag, wenn sich die Blüten gerade geöffnet haben, und hängt ihn, zu Sträußen gebunden, zum Trocknen auf. Anschließend werden die kleinen Blüten abgezupft und für Duftkissen und Potpourris in Gläsern aufbewahrt.

Diese alte Tasche birgt liebgewonnene Schätze, denen ein duftendes Lavendel-Potpourri einen herrlichen Geruch verleiht (oben).

LAVENDEL-POTPOURRI

❧ Damit das Potpourri hübsch aussieht, können Sie dieser Grundmischung alle möglichen getrockneten Blütenblätter hinzufügen, wie etwa Kornblumen, Malven, Rittersporn und dergleichen, aber auch Lavendel allein ist raffiniert und attraktiv und läßt sich ebenfalls für Duftsäckchen verwenden.

1000 ml getrockneter Lavendel
3 EL Veilchenwurzelpulver (s. S. 101)
Je 1 EL Zimt-, Muskatblüten- und
  Pimentpulver
6 Tropfen Lavendelöl

Alle trockenen Zutaten in einer großen Schüssel gründlich vermengen, damit sich das Veilchenwurzelpulver gleichmäßig in der Mischung verteilt. Das ätherische Öl dazugeben und alles nochmals gut vermischen. Das Potpourri in Papiertüten füllen, die Tüten locker verschließen und etwa sechs Wochen an einem kühlen dunklen Platz durchziehen lassen. Anschließend nach Bedarf mit ganzen Gewürzen, Blättern oder Blütenköpfen vermischen und in dekorativen Gefäßen aufstellen.

SOMMER-POTPOURRI

❧ Dies ist eine Variante des Lavendel-Potpourris mit frischem Zitronenduft und hübschen Grün- und Malventönen.

500 ml Lavendelblüten
250 ml Zitronenstrauchblätter
125 ml Gagelstrauchblätter
125 ml Jasminblüten
3 EL Veilchenwurzelpulver
Je 1 EL gemahlener Koriander und Zimt
3 Tropfen Lavendelöl
3 Tropfen Citronellaöl

Gehen Sie ebenso vor wie bei der Herstellung von Lavendel-Potpourri.

Ein Strauß getrockneter Lavendel läßt sich in den Wäscheschrank hängen oder zu Dekorationszwecken verwenden (rechts).

Weintraubenkonfitüre

Um schön gewachsene Trauben zu erhalten, schneiden umsichtige Gärtner beizeiten einige der Früchte heraus, damit sich die übrigen gut entwickeln können. Aus den beim Ausdünnen anfallenden kleinen Weintrauben wurde früher eine köstliche Sommerkonfitüre gekocht. Die Früchte dazu waschen und einfach ohne Zugabe von Wasser köcheln lassen, bis sie weich sind. Die oben schwimmenden Hautstücke der Trauben abschöpfen. Zucker im Verhältnis 1:1 hinzufügen und die Konfitüre kochen, bis der Gelierpunkt erreicht ist. In sterilisierte Gläser füllen und luftdicht verschließen.

Bevor der Frühherbst mit seiner reichen Ernte beginnt, scheint die Zeit im Spätsommer für eine Weile stillzustehen. Die große Ernte der Sommerfrüchte hat noch nicht begonnen, und so kann man Tage der Muße und Ruhe genießen. Im Garten reifen die Früchte jetzt nur noch heran, wachsen aber eigentlich nicht mehr, und so herrscht allerorten eine eher friedliche und entspannte Urlaubsatmosphäre.

In diese Zeit fällt einzig die Ernte der Gewächshaustrauben. Freilandweintrauben sind erst im Herbst reif, aber die Rebstöcke im Gewächshaus hängen bereits voller köstlicher Früchte. Im 19. Jahrhundert wurden die Trauben nach der Ernte mit den Stielen in spezielle Gefäße mit Wasser gesteckt und in kühlen dunklen Schuppen aufbewahrt. Auf diese Weise konnte man während der Wintermonate herrlich frische Weintrauben auf den Tisch bringen.

Mit seinem dichten Laub und wundervollen, reifen Trauben rankt dieser Rebstock bis zum Dach eines alten Gewächshauses empor. Sorgfältiges Beschneiden der Reben und Ausdünnen der Früchte läßt prächtig entwickelte Trauben heranreifen (links).

REGISTER

Halbfett gesetzte Seitenzahlen beziehen sich auf Rezepte, *kursiv* gesetzte Seitenzahlen auf Abbildungen.

Bezugsquelle für Malzessig

ESSIG & OEL
COMPAGNIE
Blumenstr. 1
80331 München
Tel. 0 89/2 60 62 54